资源共享有智慧

商会的价值探索和转型之路

王理宗 ◎ 著

海天出版社
·深圳·

图书在版编目（CIP）数据

资源共享有智慧：商会的价值探索和转型之路 / 王
理宗著. — 深圳：海天出版社，2020.12
ISBN 978-7-5507-3031-1

Ⅰ. ①资… Ⅱ. ①王… Ⅲ. ①商会－研究－中国
Ⅳ. ①F721

中国版本图书馆CIP数据核字(2020)第201329号

资源共享有智慧： 商会的价值探索和转型之路
ZIYUAN GONGXIANG YOU ZHIHUI: SHANGHUI DE JIAZHI TANSUO HE ZHUANXING ZHI LU

出 品 人　聂雄前
责任编辑　童　芳
责任校对　赖静怡
责任技编　郑　欢
装帧设计　知行格致

出版发行　海天出版社
地　　址　深圳市彩田南路海天综合大厦（518033）
网　　址　www.htph.com.cn
订购电话　0755-83460239（邮购、团购）
设计制作　深圳市知行格致文化传播有限公司　Tel：0755-83464427
印　　刷　中华商务联合印刷（广东）有限公司
开　　本　787mm×1092mm　1/16
印　　张　14.25
字　　数　150千
版　　次　2020年12月第1版
印　　次　2020年12月第1次
印　　数　1—6000册
定　　价　68.00元

　　《资源共享有智慧》是理宗"商会实践型理论三部曲"的最后一部，《美丽的手》指引了商会发展的高度，《社会时代》展示了商会的广度，那么这本扛鼎之作则做实了商会可以抵达的深度，三部曲"合奏"出商会激昂、理性、宏阔的新旋律。

——广东高科技产业商会原会长

创维集团创始人黄宏生

　　广东高科技产业商会是商会发展的成功样本，创造了一种资源整合的范式。随着企业、产业和经济转型升级的不断深化，此时来分析、研究、学习广东高科技产业商会的经验，为很多平台型企业、社会组织及研究者提供了颇具启发性的见解，能帮助大家更好地进行资源整合，从而盘活存量、创造增量。

——吉商联合会主席

海王集团董事长张思民

理宗作为商会发展实践型理论的代表性人物，兼具对资源整合理论的深刻思考与落地实践的丰富经验，分别选取人才、模式、经验和理论四个方面，对资源整合的智慧提出了独特的见解，本书足以让企业、商会从业者及政府重新思考资源整合的内涵、路径和价值。

——全国政协委员、深圳市企业家协会会长
正威国际集团董事局主席王文银

资源整合的思维方式决定了创新的路径，《资源共享有智慧》向我们展示了如何以领导魅力、模式创新、人才制胜等，整合广泛的产业、信息、资本、政策、理念、文化等资源，以满足企业、商会和社会各机体自身不断变化，与不确定性"共舞"的需求。书中提供了丰富的实例，有助于我们思考最合适的资源整合方式。

——广东省云南商会会长
理士国际董事长董李

在理宗提出"美丽的手"和"社会时代"的概念之后，极大地启发了我们这些既做企业，又是各商会会长的企业家，从情怀、胸怀、能力等各方面提升自己。这次，他详尽、全面地构建了资源整合的人才、模式、经验和理论体系。毫无疑问，这又是一本企业家、商会从业者的必读书。

——香港江西社团（联谊）总会主席
粤港湾控股有限公司董事会主席王再兴

这本书内容翔实、语言生动、建议实用、可读性与可操作性强，是一本进行行业资源整合的宝贵指南，能帮助企业和行业协会会长确定新目标、开发新能力、招揽新人才，在企业和协会发展中取得成功。

——深圳市物联网协会会长

三诺集团董事长刘志雄

在从单打独斗到抱团发展的变革时代，《资源共享有智慧》洞悉变革的影响，为商会发展提出新的价值创造体系，为企业生存提出内外兼修的资源整合路径，它是一部具有时代感和未来启示的杰作。

——在粤鹤壁籍企业家联合会会长宋鹤庆

对于希望在风云变幻的国内外环境中保持竞争力，练就坚实内功，拥有良好外部支持的企业和组织来说，这是一本简明、清晰，可照着做的工具书。

——深圳狮子会新安服务队原会长

深圳市深象紧固科技股份有限公司董事长高玉云

本书对异地商会如何发挥乡谊优势，建构经济模式，为异地商会的科学健康发展创新了价值观，为松散性组织向结构性、可持续发展组织的转型提供了宝贵的方法论。

——深圳市茂名商会会长

深圳市奋达科技股份有限公司董事长肖奋

理宗会长对如何创新商会发展理念、改进商会服务体系等痛点，从资源整合的高度提出了有力框架，以保证企业和商会在面对变化的环境时拥有更雄厚的实力和灵活的姿态，还就如何落实战略提出了具体的建议，对企业家及高管有启发，对做会长的企业家更有启发。

——深圳市南通商会会长

深圳市康成亨投资有限公司董事长袁亚康

本书深入分析了目前我们面临的转型环境，详细制订了通往未来成功之路的蓝图，行业内的每位领导者都应仔细学习此书。

——深圳市整形美容行业协会会长

深圳阳光医院投资集团董事长王晓泸

商会难做，校友会更难做。理宗会长指出聚焦学术资源、人才资源的供给如何与市场、社会需求匹配的校友会发展道路，让校友会迎来了"柳暗花明"，非常实用。

——清华大学深圳市校友会副会长

朗坤环境集团董事长陈建湘

作为美容行业发展促进会会长，我喜欢"美丽的手"，对拥有"美丽的手"的理宗会长心存敬慕。《资源共享有智慧》不仅深入研究了资源整合的浪潮将如何影响企业和商会，还对企业、商会面临的资源整合困境和深刻转变进行了分析，同时辅以精彩案例研究，既是战略性和实用性的指导建议，也是一次像"美丽的手"一样鼓舞人心的号召。

——深圳市美容行业发展促进会会长

艾美集团董事长李金凤

这本书对资源整合面临的机会、困难、痛点进行了全面的分析，详细规划了发展路线，以便有志于做资源整合的领导者、从业者以新思路在新领域把握机会，实现创新。

——中国农药工业协会副会长

深圳诺普信农化股份有限公司董事长卢柏强

从商会角度阐释资源整合的智慧，对从事制造和产品研发的企业来说，也极具启发性，从中可以观照出在资源重新整合的时代，我们正面临根本性转型这一巨大挑战，理宗为我们提供了新颖的分析工具，可以指导我们如何通过资源整合开展创新工作，保持盈利和发展。

——广东高科技产业商会执行会长

深圳市捷顺科技实业股份有限公司董事长唐健

新技术、新时代正在促进行业和社会结构的重塑，资源整合对企业家、投资者、商会工作者，甚至每个人，都是时代出的一份试卷，

《资源共享有智慧》给出的既有解题思路，也有正确答案，这本书能帮助人们运用公式，交出一份满意的答卷。

——深圳市揭阳商会执行会长

深圳市嘉盛丰投资有限公司董事长邱杰钦

书中的每页内容都能体现其原创性、远见力及与时俱进的想法，每句表述都激荡着澎湃的热情和引人入胜的想象，充满新观点、新概念和新鲜感，除了是商会发展的宝典，也是演讲爱好者的实战宝典。

——深圳市恒丰润实业集团有限公司董事长梁建忠

难忘的
商会故事

自从踏上商会这条不归路，不知不觉已行走了 20 年，不得不感慨岁月不居、时光易逝、生命短暂。20 年来，咱们这群人所走过的路、见过的人、做过的事，可谓千沟万壑、饱经风霜、千辛万苦，许多事依然历历在目，仿佛发生在昨天。

忆当年，很多老友青春年少、意气风发、豪情满怀，以敢为天下先的勇气、可上九天揽月的浪漫、舍我其谁的担当，在自己的领域中创造了一个又一个奇迹，成就了一个又一个辉煌，为人生、社会谱写了壮丽的生命诗篇，被人传承和弘扬，我为与这些朋友结缘而感到无限骄傲。

看今朝，许多朋友老骥伏枥，壮心不已，以重新创业的雄心，以再度出发的豪迈，依然冲锋在难于割舍的事业途中，像上了发条的钟摆，永不停息。

咱们这群人，是深圳乃至广东改革开放的先行军、科技产业发展的推动者、国际化的开拓者、民营经济的引领者、中国特色社会主义的建设者中的一部分。所经历的故事，每每想起，便会心潮起伏；那些共同战斗的瞬间，更是让我热血沸腾，久久难以平息。故事的主角，不仅有我，还有许多会员朋友，因为他们，才使故事更加精彩。为纪念商会成立 20 周年，记录和他们在一起的最美片段，我以个人视角，选择了几个侧面，利用春节休假时间，写了其中的几个故事。

一、让我终生难忘的一场活动

每当我遇上在职军人或退役军人，我都会情不自禁地和他们讲一个故事，一个令我感到自豪、觉得最有意义的故事。虽然这个故事已经讲了无数次，但是我还想继续讲下去。

那是 2002 年初春的一个上午，我和楼百金董事长去部队拜会滕主任。由于滕主任的哥哥在深圳开公司，也是我会的会员，所以觉得滕主任特别亲近。滕主任是个知识丰富、见识广博、非常健谈的军人，给我们介绍了部队的历史和现状，让我们茅塞顿开。作为普通老百姓，我们很愿意为军队做点什么，于是楼董非常诚恳地问了滕主任这个问题。滕主任非常高兴，说现在根据政策，部分军人可以按自愿原则，自主择业，但这些军人一直在部队，不了解市场，不知道如何做生意，问能否找一些公司让这些军人到企业挂职学习、培训。听到这个消息，我满心欢喜，我和楼董异口同声、非常兴奋地说："好呀。"临走时，滕主任说，这事非同小可，你们回去好好商量一下。

回到深圳以后，我立刻把这个消息告知当时的几个副会长，包括陈伟东、唐健、刘志雄、卢柏强、桂强芳、张敏、张华、张锴雍等，他们全部同意接受军人来企业挂职，并表示愿意为军队做些力所能及的事，一定会做好配合工作。他们的承诺，提升了我做好此事的信心。我又联系了另外 20 多家会员，他们都表示会全力支持。为慎重起见，我还专门向市有关部门做了汇报，领导们均表示这是一件大好事，一定要把好事做好。在我向部队递交了附带详细方案的报告后，得到了部队领导的高度重视，他们专程来深圳做了调研，最后此事得到了正式批准。

一个月后，50 位政治过硬、纪律严明、立过功、得过奖的军人来到了深圳，我们在南山的一个礼堂举行了隆重的欢迎仪式，此事就这样成功落地了。就像当年老百姓把红军接回自己家安顿一样，这些军人分别被安排到了 32 家民营企业，包括创维、万基、三和、三诺、中科智、捷顺、视得安、芭田、彩虹等，并分别安排了董事长助理、副总经理、市场副总、行政副总等岗位，就此拉开了军人挂职的序幕。

这些军人在挂职期间，充分发挥军人的优良传统，得到了所在企业领导和员工的高度赞赏，对完善企业人才结构、严明企业纪律、发扬攻坚克难精神、丰富企业文化建设，起到了良好的示范作用。企业家们纷纷表示，如果可以，希望他们留在企业。而军人们也纷纷表示，在企业挂职期间，学到了许多东西，感受到了民营企业家对军人的尊重和爱戴、对国防事业的关心、对祖国的热爱，体会到了民营企业家吃苦耐劳、敢冒风险、勇于挑战、主动承担的精神，领略到了深圳这片火热土地上的创业激情、积极向上的精神风貌，以及市场经济潮头的光荣与梦想，他们和深圳的企业家、这片土地结下了深厚的感情。

一个月的挂职时间转瞬即逝，经过双方反复认真的考虑，有22位军人决定留在挂职单位工作，没有选择留下的军人也依依不舍，有的眼里含着泪花，有的和企业家紧紧拥抱，有的说一定会经常回来。

这次史无前例的军人到民营企业挂职活动完美结束，深圳的主要市领导特地接见了这些军人，并为他们送别。

这一事件经全国各大媒体密集报道，特别是《解放军报》、《战士报》、《人民日报》、中央电视台报道后，在全军产生了强烈反响，形成了良好的社会效应，并得到了军队主管部门的高度肯定。《解放军报》载："此项活动为自主择业干部择业创造了崭新的模式，具有里程碑意义，也为双拥工作探索了新路子。"此后，在不少地区对这一模式进行了推广。

作为此次活动的主要发起者、组织者、参与者、推动者，我觉得这是我一生的荣誉。能为军队做点力所能及的事，我感到无比荣幸和自豪。我因此连续几年被评为市级、省级"双拥先进个人"，我们的联谊会也被深圳市政府评为"双拥先进单位"。这一活动的成功举办，将永远激励我们为国家、军队、人民做更多更有益的事情。

二、合作不是容易的事

中国创投行业曾有无数暴富的想象，也打碎了许多人不劳而获的美梦。少数人很幸运，踏准了中国资本市场的时间节点，投对了企业，赚得盆满钵满，实现了几倍乃至几十倍的收益。但更多的人时运不济，上市遥遥无期，甚至血本无归，这些人满心欢喜等丰厚回报，回望却全是伤心泪。

这个行业本来是专业人士从事的，但曾几何时，几乎全民皆投资。几年之间，有十几万家公司做创投业务，而每年在国内主板上市的企业不超过300家，其成功的概率可想而知。许多人喜欢跟风，只要身边有一个成功的案例，就蜂拥而上，每个人都觉得幸运之神会降临在自己身上。我会也加入了这次创投大潮，因为大部分会员是科技企业。为科技企业提供直接融资的平台和机会，也是商会的职责；但商会不是跟风者，而是先行军。

下面这个故事的发生有些偶然，那是2007年夏天的一个上午，我接到好友刘永好（新希望集团董事长）的电话，他说一个注册于深圳的创投公司——中科招商，想邀请他共同成立一个创投基金，主要投资于拟上市公司，并在通过上市后退出，如果投对了，应该会有较好的收益。他还说，你们商会有钱的老板多，可投资的好企业也多，建议你们参与；但也有一定的风险，你们好好研究一下，他之后会让中科招商的董事长单祥双和我联系。因为之前没做过创投，只是听一些朋友介绍过，知道一些皮毛而已，放下电话后，我就在网上查找相关的资料，了解创投的知识，特别是美国一些做创投的大公司的资料，发现这个行业是朝阳行业。之后，我又给金融证券界的一些好友打电话咨询，通过他们的分析，得出三个结论：一是中国一定会大力发展多层次的资本市场，二是创业板一定会开通，三是直接融资是科技企业未来的主要融资方式。他们的结论是此事可做，但我毕竟不懂此行业，心里还是不踏实。

几天后，单祥双派其深圳公司的负责人——林敏雄和我面谈。林敏雄性格直率，说话逻辑严密、条理清晰，他详细介绍了中科招商的基本情况和单祥双的背景，简述了对中国未来资本市场的信心，认为此时做创投是最好的时机。他非常希望和商会合作，由商会负责募资、他们负责管理，并很肯定地说一定会给投资者较好的回报。此时恰逢股市处于大牛市行情，显现出极强的牛市效应，而且中国经济持续向好的走势，得到大家的一致肯定，我便决心尝试一次。

为此，我组织二十几位企业家召开了基金筹备专题会议。在会上，大家进行了认真研讨，表达了对此事的信心。单祥双也参加了这次讨论，他用简单明了的语言和生动形象的比喻，阐述了资本市场的复杂原理，强调目前是最好的时机，机不可失，时不再来。会后，有企业家问我认识单祥双多久了。我说刚认识，不太了解，是刘永好介绍的。大家说如果是刘永好介绍的，应该比较靠谱，为了稳妥起见，还是要去他公司做个尽职调查。我同意大家的建议，也担心他忽悠人，毕竟这是一件很大的事，关系到每个会员的切身利益，也关乎商会的形象和号召力，于是决定成立一个调研组，赴中科招商北京总部进行尽职调查。调研组由郭奎章担任组长，组员为黄海刚、郑建平。因为郭奎章见识广、智商极高、看问题独到，可谓老谋深算，而且沟通能力强、对新事物很敏锐；黄海刚有律师背景，分析问题很缜密。

这个团队值得信任。

调研组从北京回来后报告说，单祥双说的话基本属实，还说中科招商是中国最早成立的创投公司之一，单祥双从事过证券公司的工作，有一些成功的案例，他制作的方案和储存的拟上市公司基本可行，是否和他合作，由我来最后拍板。我经过反复思考，最后决定玩一把。

我马上通知林敏雄起草公司章程，让同事起草招股协议，然后召开招股说明会，招股对象是第一次参加专题研讨会的那些企业家，入股资格是不少于500万元，500万元为一份。没想到大家非常踊跃地认购，张错雍第一个认购，郭奎章、张华、黄海刚、郑建平、柯总、覃总等共19位股东认购，并推选张错雍为公司的董事长。还按照出资额的大小顺序，选了7位董事、两位监事。在商量公司叫什么名字时，我说就叫中科汇商吧，中科是选自中科招商，汇商是指汇聚商会的智慧和力量，一起抱团发展。

深圳中科汇商创业投资有限公司在深圳市工商局正式注册成立，是商会牵头推动会员合作的又一个案例，我会也可能是中国第一个成立创投公司的商会组织。此后的几年里，我会先后牵头成立了6家基金公司，有成功的案例，也有不少教训和经验。其间，不少商会都来我会交流如何创办创投公司。我认为，商会最重要的价值在于准确把握行业走势，及时向会员提供有前瞻性价值的信息，推动合作，共同发展。

三、商会的国际化从这里开始

2006 年 11 月，受刘永好的邀请，我参加了在广西南宁举办的第三届中国 – 东盟博览会，以及新希望集团南宁大商汇的奠基仪式，见证了新希望集团投资 30 亿元的南宁大商汇的动工仪式。其间的一个晚上，刘永好和我谈到他公司在我国昆明、南宁地区和越南建设大商汇的构想，昆明的项目已经竣工，南宁的项目准备开工，越南的项目正在找合适的地方，三角形态势相互呼应。

当时，国家正在鼓励企业"走出去"，利用两个市场和两种资源，推动经济快速发展。刘永好说广东是改革开放的前沿阵地，外向型企业众多，特别是加工制造型企业；广东高科技产业商会的会员众多，很多都是生产制造企业，产品大部分面向海外。他问我能否合作在越南做一个大项目，他的大商汇以商贸物流为主，我们负责组织企业在越南建设工业园，生产、销售、展示一条龙，这样可以降低企业的成本。

刘永好还说，商务部正在制定推动企业"走出去"创办产业园区的政策，如果办成了，还有补贴。同时，新希望集团在越南已有两个生产饲料的企业，对当地的投资环境比较熟悉，他来负责政府关系和找建设用地。

我听完后非常兴奋，觉得此事很有意义和价值，既响应国家号召，又为企业提供国际化的服务，搭建国际化平台，是一件大好事。当时广东正在闹用工荒，找不到工人，很多会员都找我帮他们招工。而且我会在 2005 年已开始在河源建设工业园，对建设园区并不陌生。我几乎没做太多考虑，就回答说此事可行，并问他做这事的主要风险是什么。他说主要是政治风险、汇率风险，但目前这些风险都不太大，两国的关系比较稳定，越南正在大力招商引资发展经济，从他们在越南办的工厂来看，赢利情况还是不错的，而且劳工成本较低，工人的月工资大概 150 美元，并不要求交社保，但工人比较懒惰，没有国内的人那么勤奋。

由于刘永好是我多年的好友，他在国内有很高的知名度和影响力，我对他特别信任，然后我问他接下来我该做什么。他说如果你确定做，我们就明年上半年组织一次越南考察活动，最好是制造业的人多点；如果有可能，最好能和企业签订一个去越南投资的意向协议，表达对此事的信心和诚意，以便向商务部和越南方面汇报。他会把此事尽快向越南驻中国大使和越南总理报告，因为他们正好在南宁开会，希望得到他们的支持。我说，就按照这个思路来，我回深圳立马组织动员。

说来也巧，当我从南宁回来后，刚好越南工商会的一个考察团要访问我会，他们详细介绍了越南的投资环境，如政府的政策、土地、劳工、水电、交通、通信情况，以及外国企业在越南的投资情况。我也向他们表达了去越南建设工业园的想法，希望征询他们的意见和建议。工商会的领导说非常好呀，现在是投资越南的最好时机，我们一定会全力帮助你们的。她建议我们，如果有可能，可以在越南办一个科技产品展览会；先在越南设立广东高科技产业商会办事处，她可以帮助我们找地方，并物色合适的工作人员。

接下来我们就开始广泛动员，出乎我意料的是，反响特别热烈，广大会员朋友表现出强烈的愿望，几天时间内要报名参加的就有100多人。我问会员为什么想在越南投资，有的说他们的产品在东盟有一定的市场；有的说在那里成本比较低，招工容易；有的说想看看到底是什么情况。我告诉秘书处的同事，起草一份商会去越南投资的合作意向书。由于商会具有极强的号召力和组织力，不到一周的时间，已经有近80家企业和商会签订了合作意向书，包括深圳、广州、佛山、东莞的会员。

12月初，我打电话给刘永好，告知他商会的组织工作非常顺利，按计划已经全部完成。他说，你们的办事效率真高，完全出乎他的想象；他已经向越南驻中国大使馆、中国驻越南大使馆汇报了此事；建议2007年4月初出发，他会让越南驻中国大使馆通知越南驻广州总领事馆为商会会员的签证提供便利。

2007年4月25日上午，商会组织近100位企业家赴越南考察，在广州白云机场乘机抵达越南胡志明市。当时，组织如此大规模的企业家到国外考察的非常少，我们几乎包了整架飞机。在飞机上，我想，不管工业园能否办成，首先要确保大家的安全，不能出事；其次是要维护国家和商会的形象，因为在国外代表的是中国。于是，我在飞机上给大家传达了几条纪律，希望大家严格执行：不能擅自离队，如有特殊情况需要离队，必须向我请假；要守时，按照规定的时间上下车；和越南政府领导交流时，要积极发言；不能随意接受媒体的采访，凡接受媒体采访，必须经过我的同意。

下飞机后，所有会员很顺利地通过入境检查，分别上了3辆大巴，我反复强调各车的负责人及导游要核准人数，但没想到的是，当车辆离开 20 分钟之后，竟然有一位老哥没上车，原因是闹肚子，去上厕所了，然后又去换了越南盾，而手机在越南不能使用，没有信号，没和大家联系上，我只好让导游下车回去接他。后来，我强调凡掉队者，自己想办法跟上大部队，而且要缴纳罚金，算是警示。

就在我们抵达胡志明市的当天下午，越南总理在胡志明市的议事大厅接见了考察团，他表示中越两国友谊深远，睦邻友好，广东是中国经济最发达的地区之一，也是科技产业发展最快的省份，对商会来越南建设工业园表示欢迎，他们愿意提供大力支持。同时，他已安排国家相关部门和城市的领导做好对接工作，希望此项目尽快落地。

我们驱车到达越南的首都河内，映入眼帘的最大奇观是摩托车方阵，像奔泻而来的洪流，充斥着每条主要街道，像蚂蚁一样密密麻麻，每个驾驶者头上都带着绿色的头盔。据说在越南，绿色代表吉祥；而这些摩托车主要是从中国进口的，日本产的不多，因为中国生产的摩托车价格比较便宜，越南每年从中国进口几十万辆。还有一个奇观是电线和光缆，布满了整个天空，像蜘蛛网一样，遮天蔽日，因为是旧城，当年设计的时候没有地下网。让我最担心的是通信设施比较落后，和中国的不兼容，而且信号很弱。当时的漫游费也比较贵，每接一分钟电话要 24 元，发一条短信要 2 元，那次考察耗费了我几千元电话费。星级宾馆也很少，我们住的三星级宾馆，每晚要 300 多美元。而且当时越南还没有一条高速公路，所有道路都非常拥挤。

在越南总理的安排下，我们马不停蹄地分别走访了商务部、工信部、科技部、当地市政府等，就工业园的选址和政策进行了交流和沟通，并参观了几个工业园区。令我感到意外的是，河内的工业土地价格并不便宜，每亩 50 万～100 万元，原因是土地都在私人手里，而且那几年从中国台湾地区以及韩国、日本、新加坡等去越南买地的人很多，把价格炒上去了。给我印象最深的是科技部部长，举办座谈会时，我问部长，贵国在河内的可用工业园区土地为什么那么少，你们不是也要发展工业吗？政府是否有相对好的地块，咱们一起合作。部长非常风趣地说，我曾去过你们广东的顺德，当地有句话叫"靓女先嫁"，我们也是学习你们的先进经验，把"靓女"嫁出去了。话音未落，大家哄堂大笑。经过几天的紧张交流和考察，始终未找到合适的地块，刘永好说，此事急不来，反正他的公司在这里，他会安排人慢慢找，找好后再安排时间来看。

在考察结束的前一天，我们一起参观了刘永好在河内的饲料厂，工厂已经运营几年了，有 200 多位工人。由于越南是传统的农业国，对饲料的需求很大，而且他公司的饲料质量较好、价格合理，有一定的竞争优势，所以生意很好，利润不错。我事先也和他商量好商会办事处就设在他的工厂，既节约成本，他也可以安排专人来对接，于是在刘永好及中国驻越南使馆领导的见证下，商会在国外的第一个办事处正式成立。此后的几年里，我会先后在阿联酋、德国、澳大利亚、美国设立办事处，并率领会员近 3000 人次考察过 80 多个国家和地区，为会员国际化建设打下了良好的基础。

在动笔写本序言之前，我反复思考该写什么，才更能表达我出书的初衷，更能体现从事商会工作的心路历程，也希望此书作为献给广东高科技产业商会成立20周年的礼物，想着想着，一桩桩事件、一幕幕场景、一个个鲜活的形象涌上脑海，仿佛看到了初创期豪情满怀举办各种大型培训班的盛况；仿佛看到了军人在企业挂职活动落地深圳的兴奋；仿佛看到了成立第一个基金公司的喜悦；仿佛看到了几千名民营企业家赴各国各城市考察的豪华阵容，仿佛看到了组织的500名企业家乘坐着100多辆汽车鱼贯奔行到河源建设科技工业园而闪烁的车灯；仿佛看到了一群群赴新加坡、英国牛津大学、美国加州大学培训的企业家们对知识渴望的眼神；仿佛看到了每年举办深圳孔子文化节时人潮涌动、掌声阵阵的盛况；仿佛看到了百人驱车穿越5个国家，历时28天，用车轮丈量茶马古道"新粤商东盟行"的壮举；仿佛看到了由商会推动的在美国、澳大利亚上市敲钟的风采；仿佛看到了年会上千名企业家同唱会歌《在路上》的笑脸……

　　在商会这片田野上，我们一起播种，一起耕耘，一起收获；我们一起幻想，一起创造，一起飞越；我们一起行走，一起学习，一起欢笑。咱们这群人，用青春的热血、豪迈的热情、坚强的意志，在谱写一首首青春的颂歌，在书写花季的诗篇，在编织生命的故事。商会成立至今已有20年，可以说是见证了中国经济发展的奇迹，见证了中国科技产业发展的传奇，见证了民营企业家成长的故事。我为祖国自豪，为科技产业自豪，为能与这些企业家朝夕相伴、苦乐与共、共同成长而自豪。咱们这群人，20年的风雨同舟，20年的砥砺前行，20

年的飞渡穿越，谱就了商会发展 20 年的主旋律。所以，我写了 3 个故事作为序言的开篇，它们都是我亲身经历的故事，其目的是想说要办好商会绝非易事，不仅要坚定不移地紧跟党和政府指引的方向，而且要脚踏实地落到实处；不仅要聚精会神地搞好服务，而且要发挥想象搞创新；不仅要尽心尽力去耕耘，而且要抬头看路赶潮流。

此书凝聚了我从事商会工作以来的感受、体会和思考，每句话、每个画面都是我多年的心得和经历。我的困惑和希望，相信同仁们也感同身受。此书总共分为三个方面：

（一）商会要持续发展，必须不断创新，包括思想、模式、市场、服务、人才方面的创新；必须有特色；必须学会经营，有造血功能，否则就没有出路。

（二）在融合的时代、智力制胜的时代，要充分整合和把握智力资源，以商会强大的服务体系和服务能力，保持组织活力和生命力。

（三）要顺应时代发展和企业快速变化的需求，以变应变，以变制变，时刻追赶时代的潮头，成为先行军、弄潮儿和引领者。同时要有博大的胸襟、开阔的视野、广博的知识、不懈的干劲和时代的担当。商会群体是最优秀的群体之一，社会对它有更高的要求，对社会做出更大的贡献是责任和使命，只有这样要求自己，商会才能永葆青春、基业长青。

此书得以出版，感谢所有的会员、领导、朋友、同事长期给予的大力支持和指导。文中不当之处，请大家批评指正。

王理宗

2019 年夏天于深圳

第二章
模式筑基 057

第三章
经验避险 123

第一章

人才制胜

一、优秀的秘书长是如何炼成的 [①]

（一）优秀秘书长三大接地气的标准

有人请吃饭，有人请办事，有人挂念你。有人请吃饭，说明有思想；有人请办事，说明能力强；有人挂念你，说明情商高。

要成为优秀的秘书长，还要会说话、善平衡、会赚钱。

同时，优秀的秘书长要有"三气"、有激情。

有"三气"：作为商会的管理者、运营者，要有志气、人气、名气。有志气就是要有目标和理想；人气是资源和能量，有能力、乐于助人；名气则是有观点、有口才、有德行、有影响力。一个兼具情怀、资源和影响力的秘书长，必然是充满魅力的，是优秀的。由这样的秘书长带领的商会，又怎么可能是暗淡无光的呢？

有激情：有人说，如果你身边有一个整天像被打了鸡血的人，你一定不要放过，要紧跟他，因为他一定是成就大事的人。激情来源于热爱，只有热爱，而且深爱，才能不计得失、不求回报，全情投入、全心奉献。商会有这样的人，凝聚力一定会不断增强。

---

① 本文是作者为龙岗区工商联授课的摘要。

（二）成为优秀秘书长要改变三种观念

1. 角色观念。优秀的秘书长是新时代的顶尖人才、复合型人才。能够干好秘书长的工作，就能干好大部分工作。商会不是僵化、固定、死板的"桥梁""纽带"，而是产业发展的引领者、设计师，是经济发展的推动者，所以优秀的秘书长是能洞察宏观趋势、把握时代风潮的帅才，又是能兼顾实际操作，懂得管理运营的将才。客观认识秘书长这一角色，增强信心，才能通往成功。

2. 赚钱观念。秘书长要努力赚钱，带领商会走向富裕。如果要评价秘书长是否优秀，首先看秘书长对自己的要求，包括视野、格局、能力，量化的指标就是能不能使商会自我造血，能为会员赚多少钱，能为商会的发展积累多少财富、沉淀多少资源、创造怎样的商业模式。

3. 职业观念。未来的商会必然要实现职业化和专业化，会长将从秘书长中选拔，因此秘书长是非常有前途的职业。

（三）通往优秀秘书长的五条路径

1. 树立目标。秘书长要设立组织目标，也要树立个人目标。秘书长个人与组织是相互促进、相互成就的。

2. 大胆尝试。很多事情，要敢想敢试，这是深圳精神，更应该

是秘书长的精神。大胆尝试就是创新，不尝试永远没有特色被记住，不创新永远没有故事被传颂。没有人记住，没有人传颂，秘书长就没有价值。

3. 善于学习。如果说终身学习对于其他人来说是美德，那么终身学习对于秘书长来说就是工作。秘书长不仅要终身学习、每日学习，还要善于学习；不仅要学术，更要学道，经济学、管理学、哲学、心理学、社会学、政治学都是必修的。

4. 结交高人。高人是指思想深邃之人、理想远大之人、视野开阔之人、能力超强之人、心胸开阔之人。大家都想结交高人，但如何与高人结交？用高人的视角去观察、用高人的理念去思考、用高人的格局去取舍，只有和高人同频，才能与高人同行。所以，关键还是开阔视野、扩大胸襟、树立理想，让自己成为吸引高人的潜力股。

5. 转变思维。思维和观念一样，是坚固而顽强的存在。稻盛和夫在《思维方式》一书中写道：自己之所以能有今天，就是因为秉持了积极的思维方式。思维方式里面，蕴含着让每个人的人生都发生 180 度转变的巨大力量。要有利他思维、逆向思维和多元思维。

（四）成为优秀秘书长的四大智慧

1. 知得失。做秘书长失去赚大钱的机会，但是得到视野、机会与成长，得到尊重、认同与信任。

2. **懂进退**。妥协也是一种进攻方式，迂回也是一种前进方式，无论是东方哲学还是西方辩证法，都告诉我们有与无、进与退，都只是视角不同、标准不同而已。

3. **讲仁爱**。仁爱是这个世界上最强大的力量之一，也是这个世界上最美的存在之一。秘书长就是要最大限度地传递仁爱的温度、传播仁爱的价值。

4. **敢担当**。面对大是大非，敢于亮剑；面对矛盾，敢于迎难而上；面对危机，敢于挺身而出；面对失误，敢于承担责任。敢担当，方能让会员有安全感和归属感；敢担当，会让商会更有尊严、更有价值。

二、什么样的人才适合做会长、秘书长

现在，商会的发展如火如荼，就连乡镇都有很多商会。加入商会，是企业家社会影响力、企业规模的体现，更是履行社会责任的体现。

成立一家公司是很容易的事，但是办好公司非常难。做商会也是如此，成立商会非常容易，但是办好商会非常难，甚至比做企业还难，要当商会的会长那就更难，要当好会长是难上加难。

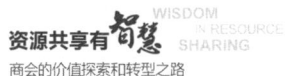

商会现状如何呢？

有的商会形同虚设，只是有个虚名，根本没有人管理、运营，甚至有些完全成了空壳，无固定人员、无固定资产、无实质性的服务，甚至年会都没办法开。有的商会则是苟延残喘，有专职工作人员，但是极少，一般不超过3个，这类商会勉强能够活下去，到过年的时候还能开个年会，和会员一起高高兴兴吃一顿饭，但不能给会员带来实质价值。

实际上，商会是具有多种价值的组织，办好商会的意义非常重大，现在商会已在各个领域都体现出越来越重要的价值。

可能很多人认为只要能把企业做好，当好董事长，也一定能做好会长。其实这完全是两回事，你可能是一个很优秀的董事长，但不一定是个好会长。为什么？因为两者有太多不同：①社会角色不同。会长是社会公共角色，体现的是公共性，要处理的是公共事务，解决的是公共问题；而企业董事长解决的是内部问题。如果说哪个会员、理事、副会长不来开会，会长扣不了他的工资，也无法对他有何实质性的惩罚。而如果有谁不上班，董事长可以扣他的工资；谁不执行公司的制度，董事长可以炒他的鱿鱼。②商会是非营利组织，企业是营利组织。商会在创造经济价值的同时，还要创造更多的社会价值；而企业的根本目的就是赚取更多的利润，创造更多的经济价值。另外，商会和企业的约束机制、激励机制也不一样。

（一）合格的会长应具备的意识

1.**奉献意识**。作为董事长，可能具备得更多的是赚钱意识，或者说利益意识；但会长一定要有奉献意识，必须要有奉献精神。

奉献什么？

首先是时间。如果会长不愿意拿出时间，或者只拿出一小部分时间来参与商会的各项事务、活动，那基本上是做不成功的。比如说开会缺席，活动不去，一些公共性事务也不参与，那这个商会怎么办？很多会员的活动，会长都得参加，比如开张剪彩，甚至红白喜事等，这些都需要会长奉献出大量的时间。

其次还得奉献金钱。如果一个会长不愿意给钱，那么上行下效，副会长、会员还会赞助、资助商会的各类活动吗？长此以往，这个商会还怎么办下去？因此，会长一定要起带头作用，给钱，而且要给多点。天下没有免费的午餐，既然享受了会长的名誉，就得有相应的付出，承担相应的责任。

此外，还要奉献关系——各类人脉资源。因此，选会长的时候一定要擦亮眼睛，对于一些非常小气的人，无论他把企业做得多大，都不能让他做会长。别以为企业做得大，就可以当会长，那是两码事。

2.**平衡意识**。简而言之就是平衡关系的能力要强，平衡权利关系、利益关系、人际关系。现在的企业家特别讲究，比如排座位，他们在各项小活动、大活动中对这个问题看得很重。不怕请错人，就怕排错位。如果位子没有排好，那很多事情都变成了无用功，因为在这

一点上得罪别人了。

在商会中，存在着很多关系，比如说新老关系，理论上来说应该是老的排在前面，新的排在后面。除此之外，还有情感和制度之间的关系。有人的地方就有江湖，搞关系、搞平衡不是一件简单的事。为什么很多商会做不好？就是因为会长没有平衡关系的能力。

3. 举旗意识。会长作为领导者，是举旗的人，代表着目标、方向。整个商会都在看着你，甚至其他同行也在关注着你。所以会长一定要意识到，自己的行为、观念、言语都代表着整个组织，影响着整个组织。参加各种活动也一样，会长得先带头。如果会长每次都不到场，会长的地位就会慢慢丧失，这个群体的凝聚力、向心力也会逐渐消散。作为举旗的人，会长营造什么样的文化，这个组织就是什么样的文化。

4. 亲和意识。一般的大领导，看起来都是比较亲和的，长得慈眉善目。通俗点说，大圆脸比较适合做领导。因为温和、亲切的人，比较容易拉近与别人的关系，第一印象就能带给别人亲近感、信任感。因此，在选择会长时也要注意他的形象，最好别选长得穷凶极恶的人，因为大家一看到他就恐惧，不敢接近他。

亲和不只表现在形象上，内在还要不争、不怒、不怨。

很多事情，没必要去争。在一个组织中，尤其在工作中，一旦抱着凡事都要争的心态，就会带来很多争端，工作做不好不说，严重的话，还会把组织、单位搞垮。生活中也是如此，夫妻一争，感情没了，家庭散了。朋友一争，来往少了，人也散了。不争，就是对事物保持超然的心态，对利益保持淡然的心态，对异见保持包容的心态。

领导不能老发怒，当然也不能不发怒。总发怒的人，不仅伤害自己的身体，也会让人觉得领导过于暴躁，连自己的情绪都无法控制。也不能不发怒，因为大家会觉得领导没脾气，好欺负。所以我建议，最好是两三年发怒一次，但总体上要不怒。人们常说，强者平静如水，弱者暴跳如雷。常常发脾气的人，肯定是没有能耐的人，发脾气根本无法解决问题，反而会加剧冲突。杜月笙曾总结道："头等人，有本事，没脾气；二等人，有本事，有脾气；末等人，没本事，大脾气。"

对于已经犯下的错误和失去的机会，不能老是抱怨。而且对于错误，不能推卸责任，不能怪这个、怪那个。很多事情，首先领导得负责任。作为领导者，就必须有勇担责任的担当精神，因为给了荣誉、给了权力、给了资源，难道不应该有所担当吗？

5.利他意识。作为会长，一定要有别人发财我高兴的心理，并且要有创造机会让别人发财的思想。千万别想着在组织里捞取好处，而是要明确自己就是为别人服务的。虽然在组织里，会长得到的不是金钱等有形资产，但有些却甚于金钱。口碑、尊重、信用等无形资产，未来都能给会长带来巨大的有形资产。不要觉得自己作为会长失去了很多，要正确理解得失关系。

会长要有格局、有耐心，要耐得住寂寞、经得起等待。得失之间，一步之遥；成败之间，一线之隔。

商会怎么体现利他？就是要有为别人考虑的意识，而不仅是赞助

一些活动、给一些捐助；就是要会笑，笑容的力量是巨大的，它能鼓舞人、温暖人、激励人；就是要善谋，要懂得如何去帮助会员，在会员遇到困难时，要帮他们出谋划策、解决问题，还要在企业发展方向及战略上给予一定的建议；就是要有钱出钱、没钱出力，尽自己最大的努力去帮助会员走出困境。

办好一个商会，不外乎做好几件事：一是选好两个人，二是定好三种制度，三是厘清四条财路，四是掌握五种文化。其中选好两个人，指的是选好会长和秘书长。关于会长，前文已经说了。要做好秘书长的工作，是难度极大的事；秘书长要有多种复合能力，相当难培养。

（二）合格的秘书长到底需要什么能力

1. 沟通能力。从某种意义上来讲，秘书长是靠嘴巴吃饭的，就是靠游说、说服、沟通。与会员沟通，秘书长要懂得经营管理知识；与政府官员沟通，秘书长要懂得国家政策和方针；与学者沟通，秘书长要具备较高的文化素养。此外，还有媒体、银行等各种沟通对象，都需要秘书长去沟通，并不是一件容易的事。不仅需要丰富的知识，还要有强大的自信，更需要饱满的激情。沟通能力是非常难培养的能力，正因为这样，在考量某个人是否适合当秘书长时，首先要看他是否具备强大的沟通能力，它是秘书长的第一能力。

2. **整合能力**。世界上有两件事非常难，一是把自己的思想装到别人的脑袋里，二是把别人的钱装到自己的口袋里。虽然很难，但现在就要干这样的事情，才有意思、有挑战。这就是整合，现在还衍生出跨界整合。通俗地说，就是不仅"整"自己人，还"整"别人。从文化跨到农业、农业跨到科技、科技跨到金融……社会各界融合在一起，就是跨界整合。商会没有资金资源、行政资源、人脉资源等，只有靠整合，才能吸收资源，才能发展壮大。广东高科技产业商会可以说是这方面的先行者，早在 2000 年就成立了信用互助会，整合银行资源；接着又发行基金、成立金融俱乐部，整合金融资源；近期还成立了国际路演中心，整合各种创业项目和国际资源。现在，地球就是一个村，各种资源、信息杂糅在一起，如果不懂整合，就相当于坐在金山上哭穷。我认为，未来人与人之间的竞争力很大程度上表现在资源的整合能力方面，如何变无为有、由小变大、由虚变实，就是靠整合。

3. **创新能力**。在信息、知识经济高速发展的今天，我们太需要创新了。传统的行业、企业已经越发举步维艰。人工智能、大数据、基因工程等一批高端技术的涌现，在极大地改变生产经营方式和生活方式的同时，也将加速淘汰一大批传统企业甚至职业。

在农耕社会，百年、千年一变；在工业社会，二十年、五十年一变；而在现今的信息经济时代，两三年就会出现一个大变化。这个时代变化太快，紧跟这个时代的方法就是靠提升创新能力。

创新是一个民族进步的灵魂，是一个国家兴旺发达的不竭动力。

当今社会的竞争，与其说是人才的竞争，不如说是人的创造力的竞争。什么是创新？简单来说，创新就是做与别人不一样的事。创新能力越强，竞争能力越大。

4.学习能力。现在是信息时代，一个星期不学习，就会发现自己好像落后了；一年不学习的话，感觉自己就基本上是个废人了。现在有很多专职母亲，当她们在家带了几年孩子，再想出来工作的时候，已经基本跟不上节奏，她们会发现自己跟世界好像差了几个时代。这说明什么？说明世界的变化太快了。所以我们必须始终保持学习状态。

现在的学习，也不能简单地只学管理、金融等。建议大家学点哲学，学习其中的思维方式，比如思辨能力、发散思维等；学点心理学，做任何工作，我们都避免不了和人打交道，可以通过学习心理学，来解析别人的心理、情感、动机、目的等，而且学习心理学还能帮助我们把握、控制自己的情绪（情绪的控制力体现了一个人的情商）；学点社会学，通过了解社会结构、社会文化、社会流动，能让我们对这个时代有更清晰、确切的认识，从而帮助我们设计战略、做决策。

以上这些能力，就是商会秘书长所需要的能力。

（三）商会的三种制度

1. **决策制度。**决策定成败。决策要遵循"谋不可众，利不可独"的原则，意思是决策一件事，不能大家一起决策，最后拍板的必须就是一个人。但商会是自治组织，难以做到"一个人拍板"，而是需要征求广大会员的意见，所以商会的一些重大问题，在决策之前必须进行广泛的沟通交流，达成共识后再决策。这种决策是权力的反映——会长具有什么权力、副会长具有什么权力、理事具有什么权力、秘书长具有什么权力。因此，商会要非常明确地划清楚权力界限，通常会长指示重大事务、总的发展战略，其他事务和具体执行等权力应该下放，不能一手抓。

2. **会议制度。**虽然大家都不太喜欢开会，但有些会不能不开，有几个会必不可少：①会长会议。一年至少开一次，主要目的是统一意见，反映诉求，形成共识，最后达成决议。会长会议非常重要，它决定着总体发展战略、方向，是对接下来要走的路的深入分析。开会长会议除了传达信息以外，更重要的是沟通情感、开阔视野、拉近关系。多开几次会，大家的感情近了，共识就形成了。②例会。秘书处的例会很重要。我会每个星期一都开例会，在会上，大家通报上个星期遇到的情况、发现的问题，这个星期怎么去解决。如果说会长会议是为了长期战略的制定，例会就是为了短期目标的实现、错误分析和改正。两个会议结合，这样能帮助商会更好地服务会员，走得更远、飞得更高。

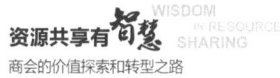

3. 财务制度。有些会长因为出钱多，会把商会的钱当作自己的钱花，而且每一分钱的支出都需要找他审批。这就十分麻烦了，因为有时候，他 3 个月都不到场。在这种情况下，商会是无法做好日常运营的。因此，在财务方面，要采取分权制度。商会毕竟不是公司，如果把自己办公司的那一套搬过来搞商会，就乱套了。但现在有很多，特别是有些异地商会，确实存在这样的问题，会长觉得自己出钱多，就完全按照自己的意思来组织、决策，如果持续下去，这个商会一定会被拖垮。

因此，要办好商会，一定要制定好上述三种制度。

（四）商会的四条财路

现在很多商会就是因为没钱，才发展慢、服务少、存在感低。现在不是农耕社会——没菜自己种、没猪自己养，现在很多事情都需要花钱，因此找到"钱路"至关重要。

1. 会费。大部分商会都是靠会费生存，但现在会费相当难收，为什么？现在的商会太多了，以电子行业为例。如果你的公司是做电子的，全国性的电子行业协会，你得加入吧？省的、市的、区的电子行业协会呢？当发现这些商会提供的服务不足以满足需求时，有的甚至还会加入一些跨行业商会。此外，家乡的商会也得加入吧？由此可以看出，商会非常多，竞争也相当激烈。

还有些商会不能提供有效的服务，基本靠会长给钱维持。已经无法提供服务了，会员还会继续交费吗？异地商会相对好一点，因为大家仅仅是从老乡的角度，以情感为基础。但行业商会一定要提供服务，没有服务，就无法生存。

2. 赞助。商会的活动如果只指望会员来赞助，是非常有限的。必须走商业化、市场化模式，把它当成商业交易。比方说现在开个年会，没有从会员那里联系到赞助，怎么办？找外面的人，比如找银行，以帮助银行做推广、宣传为条件，进行资源置换。要把拉赞助当成商业行为，不能老是依靠会员。靠山会倒，只有自己才是最可靠的。

3. 购买服务。十八大以来，政府下放了一些权力给商会。比如将部分标准制定交给商会来办，政府付钱购买，这样可以解决一部分费用；再比如办大型展览会、论坛、招商会等，也会委托商会来办，这些都属于政府购买服务。

4. 其他服务。这一点非常重要，是商会持续生存的重要方式。商会是非营利机构，但并不是不赚钱，而是指赚了钱不能拿走。在其他服务这种方式上，除了政府购买服务以外，还有社会购买服务。比如某个公司要举办活动，希望借助商会的资源，商会就可以和公司谈好条件。商会一定要想办法赚钱，有钱才能活下来，才能活得精彩，才能给会员提供服务。如果商会自身生存都有问题，还怎么给别人提供服务？这是非常简单的道理。所以一定要鼓励商会赚钱，这是商会发展的必走之路。什么叫作市场化？这就是市场化。

（五）商会的五种文化

1.捧场。人面得给人情，场面得捧场，情面得给情分。有格局、做大事的人，基本上是人捧人。愿意捧人的人，常常能看到他人的长处，然后学习他人的长处，甚至让他人为自己所用。会长也得学会捧场，有可能不能所有场合全去，但是有时间必须得去。捧场很重要，它是一种投资。有时候因为你捧别人的场，人家就捧你的场，来往之间可能就产生了机会和合作。捧场其实很简单，逢年过节打个电话、发个短信就是形式之一，也是很容易做到的事，而且有时候可能比吃两顿饭还强。

2.互助。其实商会就是互助组织，你帮助我，我帮助你，大家互相帮助。互助，既是情感互助，也是利益互助。

讲两个民间故事，第一个故事是：有一个人非常想了解天堂和地狱到底有什么区别。有一天，上帝终于同意带他参观这两个地方。上帝问他，是想先感受地狱，还是想先感受天堂？他选择先去地狱，地狱很豪华，金碧辉煌，不像我们想象得那样糟糕，而且去的时候刚好是吃午饭的时间，大堂中间摆了一张大桌子，上面放着非常丰盛的菜肴，想吃什么，上面都有，但每个人面前放着一双一米长的筷子，吃午饭的时候，大家因为筷子太长，总是不能把食物夹到自己口中，最后没有一个人吃到了东西，每个人都饥肠辘辘，这就是地狱的生活。接着，他们去了天堂，也是同样的大堂、饭菜、筷子，但天堂的人是看对方要吃什么，然后夹给对方吃，最后每个人都吃得很饱。

世上本无地狱和天堂，讲这个故事也只是想说明互助的重要性。人的成功其实是互助的结果，商会更是需要互助。只有互助，才能得到更多的资源；只有互助，才能得到更大的力量；只有互助，才能拥有更大的信心，进而才能获得更大的成功。

第二个故事是：在一次会议上，有 50 个人参加。主持人给每个人发了一个气球，让他们在气球上写上自己的名字，接着把所有的气球集中起来，放到一个房间里，要求大家在 5 分钟内找到写了自己名字的气球。50 个气球在一个房间里四处飞，每个人都在努力寻找写了自己名字的气球，大家互相碰撞、推挤，现场一片混乱。5 分钟结束后，没有几个人找到自己的气球。于是主持人换了一种方法，每个人随便拿一个气球，然后说出自己手上的气球上的名字，互相帮忙，结果不到 1 分钟，大家就都找到了自己的气球。说这个故事，想表达的是：助人者助己，利人者利己。

3. 共赢。做事情一定要抱着共赢的心态。商会可能没有实质性的有形资源，但有很多无形资源。比如到全国各地投资，商会的会长出面去谈判，和企业老板去谈判的效果是不一样的，会长所得到的条件一般会更优惠，这就是商会的无形资源。如果共享这种资源，不仅能给商会带来利益，也能给会员带来好处。

共赢，简单地说就是大家都得到好处，如果只是你得到好处了，那别人就会有意见。假如会长吃独食，那就会造成整个会里都是贪婪的氛围。会长作为举旗者，他的行为、观念影响了整个组织的文化。企业文化也类似，老板小气的，公司大气不了；老板大气的，公司小

气不了。

所以，一个组织建立优秀的文化非常重要。现在的社会，不怕没钱，就怕没文化。狭隘的人、信奉低俗文化的人，肯定走不远；只有心怀若谷，才能在时代的浪潮中持续走下去。受优秀文化的影响，人会变得越来越优秀，由这些人形成的组织才能生生不息。

另外，学习和诚信也是商会生存和发展的重要基石。

三、提升软实力是商会的重要法宝[①]

（一）商会软实力的作用

近几年来，商会等组织的发展风起云涌，许多城市都在大力发展商会，商会正呈"东方风来满眼春"之势。深圳市目前有 1000 多家商会，而且每年以 30% 的速度在增长。

从文化意义上来说，商会文化本质上是精英文化。商会的许多成员是经济上的精英，商会自然也就成了精英文化的富饶土壤，在这个基础上孕育、培养出的文化，影响着社会的许多方面。比如马化腾、

---

① 本文是作者 2017 年为山东东营市工商业联合会讲课的摘要。

马云这样的经济精英，是新时期创业者的偶像，他们的演讲成为年轻人、创业者的座右铭，他们的创富传奇成为学习、模仿的典范。以创新求变、勇于拼搏、创造财富为核心的商业文化不仅成为社会的主流文化之一，甚至影响着一代人的思想和性格。

商会也培育开放、包容、多元的文化氛围。在一个商会里，五湖四海、天南海北的人聚集在一起，广府文化、客家文化、潮汕文化、湖湘文化等交融生长，催生出独特、鲜明、优秀的商会文化。

在哲学层面，商会培育和谐发展、共同发展理念，是对中国传统优秀文化和东方智慧的继承，也是在新时期解决社会问题的有力工具。高速的经济发展创造了大量财富，却也破坏了生态环境，消耗了大量资源，山川、河流、空气和水被污染，食品安全事故频出，这是追求发展、追求效率和效益的同时，带来的负面影响。和科技的发展是双刃剑一样，经济的发展也是双刃剑，它为我们的生活带来便捷的同时，也因短视、急功近利的心态而破坏了和谐。商会的文化属性就是利他、合作、共赢，因此有助于优秀商业文化的建设。

通过商会的以身垂范和积极引导，对企业家的诚信、守法、感恩、慈善等进行价值建构，再通过商业文化的培植、渗透，影响社会文化、社会伦理的建设。越来越多的商会参与慈善活动和文化活动，越来越多的企业家投身慈善活动和文化活动，就是直接体现。广东高科技产业商会是中国唯一一个在山东以外举办大型孔子文化节的组织，连续举办 8 年，耗资 4000 万元，弘扬中国传统优秀文化，用仁、义、礼、智、信、温、良、恭、俭、让陶冶企业家，让中国传统文化成为现代商业文化的培养基和孵化器。

商会是企业家积累社会资本的平台之一。企业家能在商会展现丰富的知识、开阔的心胸、独特的气质、卓越的口才，也能通过商会在企业家群体中树立形象、传播口碑。对企业家来说，有形资本非常重要，但更重要的是无形资本；硬实力很重要，但更重要的是软实力。有些企业家可能在一夜之间一无所有，却能在短期内东山再起，靠的是什么？软实力。虽然这些企业家的财富荡然无存，但他们的能力、资源、信用、口碑还在，这些是外力无法夺走的社会资本。即便没有货币资本，他们的社会资本依然会为他们获得大家的信任、支持，依然会有很多人聚在他们周围，希望看到他们成功，希望帮助他们成功。

全世界最具软实力的人物，我认为有几种类型：物理学界的爱因斯坦，用科学理论、理性思维构建起一个新的世界，成为物理学殿堂最具权威的人；社会科学领域的马克思，《共产党宣言》影响了世界上许多人；宗教领域的耶稣，全球超过1/3的人信仰他创立的基督教；儒家学派创始人孔子，他的思想影响了中华民族几千年……每个领域都有极具软实力的人。

既然商会的发展如此迅猛、软实力的作用如此巨大，就必须提高商会的软实力。

要想提高商会的软实力，就要抓住两点——商会运营的主体和客体，前者主要是两个人，后者主要是文化。两手都要抓，两手都要硬。

（二）商会运营的主体

我们常说："火车跑得快，全靠车头带。"商会能否发展，核心在领导——会长和秘书长决定了商会的发展质量和发展速度。如果这两个人闹矛盾，事情就没法干。

人是影响组织的核心因素，尤其是核心人物。如果会长选错了，商会基本上就发挥不了什么作用；会长选好了，则可以切切实实为企业办很多事。我曾经写过一篇文章——《成功的会长是个美人》。成功的会长为什么是个美人？这里的美有几层意思：①性格之美，开朗、温和、亲切；②能力之美，董事长和会长在能力方面各有侧重，董事长更需要管理能力，而会长的协调能力、召唤能力、整合资源的能力显得更为重要；③心胸之美，胸襟开阔，格局宏大，不拘泥于个人得失，不计较眼前利益；④形象之美，有良好的社会公众形象，正面、阳光，没有污点；⑤心灵之美，能够成人之美、美美与共，以利他为先，利己为后。

一般来说，一个商会的会长基本上也是一个企业的董事长，董事长和会长同为领导，但两者的角色定位却相差甚远，这要求会长能理性认识差异，适时调整角色，否则就很难树立起"美"的会长形象。董事长在公司是领导，可以"一言堂"。但在商会，会长是服务者，主要提供服务，包括战略服务、经验服务、资源服务。作为服务者，会长要将自己长期积累的资源、建立的关系、构建的人脉，与会员分享，让自己的存量资源与会员需求相结合，产生更大的价值。在

商会，会长也是奉献者。当会长的，千万别指望在商会赚钱，用商会的资源为一己服务。做会长，就是要做"活雷锋"，出钱、出力、出资源、出智慧，从某种意义上来说，有"欲戴皇冠，必承其重"的意思。在商会，会长还是引领者，不仅引领商会的发展方向，还要引领会员的发展方向，引领阳光的商会文化和正确的思想导向。

会长需要带好企业家团队。企业家团队怎么带，对会长是另一重考验，因为带公司团队和带企业家团队有着巨大差异。对公司职员，可以用行政命令，比如不来开会，记过一次；再不来开会，记大过一次；再不来就要处分，三年内不给升职。但是对企业家，不来，没钱可扣；记过，无从记起。怎么管理？

管理有很多层次。最低层次是服从，即强制性管理，现在很多管理方式还停留在服从这个层面；第二层次是跟从，跟着管理者走；第三层次是追从，追着管理者走。第一个层次是被迫的，第二个层次是中性的，第三个层次是主动的。

我认为，要真正管好企业家团队，最重要的是让企业家获得几种感觉：①归属感。让企业家回到商会有家的感觉，想回家，常惦记着家。②荣誉感。让企业家成为商会的一员，让他们感到骄傲、觉得自豪。③收获感。让企业家在商会收获视野、收获知识、收获经验、收获情感、收获激发理想的动力。④成就感。商会提供的机会和平台，让企业家不仅生意有成，而且得到社会认同和尊重，在精神方面获得满足。

要让企业家获得上述"四感"，会长应该怎么做？这考验的不仅是会长的胸襟，也是会长的管理艺术：①用真挚的情感感动人。要真情实意地去帮助、支持企业家，并不是请吃一顿饭就能感动他们的。在企业遇到困难的时候，哪怕是一个温暖的笑脸、一句激励的语言，只要融入了情感，就会让他们觉得商会愿意与他们同呼吸、共命运。②用澎湃的激情激励人。一个热情似火的人，总是会有很多拥趸，因为人是天生向往光明、温暖和热烈的。会长要用自己的热情去激发企业家的创造热情、创业热情、奋斗热情。③用远大的理想感召人。一个视野狭小的会长勾勒出来的商会战略和蓝图，如果仅仅局限在商业层面，仅关注能够赚多少钱，短期内也许有用，但长期和持续的发展是需要高于商业，高于利益，甚至高于商会本身的。

要提升商会的软实力，第二个非常重要的人是秘书长。从某种意义上来说，秘书长比会长更重要，我也写过一篇文章——《优秀的秘书长是个完人》。

做大事不容易，更难的是做好小事、做好实事。没有一个强有力的执行团队，再好的创意、再伟大的理想，都是海市蜃楼、镜花水月。更糟糕的是，会长制订了宏伟蓝图，会员对此抱有殷切期待，却因为没有执行好，落得一场空不说，商会的信用透支才是最致命的损失。

秘书长有体力型、智力型、魅力型等类型。体力型秘书长就是只会跑腿，会长说哪儿，他就打哪儿；哪里有困难，他就去哪里。但这种秘书长的智商不是特别高，情商也不是特别高，能力也一般。智力型秘书长有一定的知识和视野，能制订方案，还能发现路径、创造模式。魅力型秘书长虽说没什么钱，但是会员们很喜欢他。

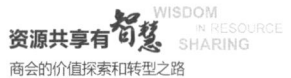

我们的最终目标是找到魅力型秘书长，这样的秘书长要具备以下几种能力：①良好的语言表达能力。秘书长要懂得游说、说服，如果秘书长不能说，那肯定不是优秀的秘书长。优秀的语言表达能力是良好的沟通能力、极强的公关能力的前提。②相对丰富的知识。因为天天要和政府、企业家等社会各界打交道，丰富的知识是打交道的敲门砖，是别人愿意和秘书长交往、交流的基石。③火一般的性格。开放、积极、乐观的性格是秘书长澎湃工作激情的源泉，也是企业家愿意为商会尽心尽力的磁石。

秘书长还要管理好秘书处的团队。要管理好秘书处的团队，也要让大家获得几种感觉：①安全感。从马斯洛的理论来说，就是得有饭吃，温饱有保障，职业安全有保障。现在很多商会不仅不能提供职业安全感，连温饱也成问题。没有安全感，就无法安心工作，很难找到职业发展的动力，很难描绘职业理想和职业方向。②成长感。我会有专业人员二十几个，全都在商会工作了十几年，没有成长感，是做不了这么长时间的。在商会工作，虽然不能大富大贵，但每个人都在不断成长，收获知识、收获视野、收获启示。物质上虽然不富足，但是精神上富足。他们每天见的都是企业家，商会的各种创新性活动、项目，让他们的工作充满新鲜感和挑战，他们从中知道了什么叫资本运作，什么叫企业管理，什么叫公共外交。③价值感。作为企业家，价值就是创造了更多财富。作为商会秘书处的工作人员，通过制定行业标准，规范行业行为，调解行业纠纷，为企业、企业家、行业做出了贡献，拓展了行业的"半径"和边界，就是不可替代的价值。

（三）商会运营的客体

商会运营的客体除了企业家和秘书处之外，文化也是非常重要的客体。

文化是组织的灵魂。从某种意义上来说，文化描述组织的价值观，规范组织的行为，展示组织的形象，引领组织的方向。不同的组织有不同的文化，不同的商会也有不同的文化。没有以共同价值为基础的文化的支撑，商会就无法形成共识、扩大力量，去实现战略目标。现在很多商会存在拉帮结派、搞小团体的情况，我就知道一个商会后来分裂成五个商会，出现这种情形，除了痛心，真的感到非常惋惜。

商会文化是会员共同价值的体现，在这个基础上，才能建起商会会员共同的精神殿堂。商会的文化与企业文化有着明显不同，上文中已经简要讲述了商会的五种文化——捧场、互助、共赢、学习、诚信，下文再延伸和扩展一些：

1. 开放

说到开放，大家常常会想到它的反义词——封闭或保守。在现代社会，我相信封闭和保守都是被大家所否定的，但我观察到大部分都是口头上开放，思想和行为却还是封闭和保守的。

商会的基本文化就应该是开放。唯有开放，才能海纳百川；唯有开放，才能聚人成事；唯有开放，才能百花齐放；唯有开放，才能天高地广。试想一下，一个封闭、保守的商会会呈现什么状态？必然是不求有功，但求无过，维持现状就好，平平稳稳，安逸舒适成为商会工作人员的普遍心态。当一个需要提供服务、协调关系、开展活动的商会成为"养老院""安乐窝"，想要的不是会员满意、社会认同，而是吃饱就好、不思进取，结果是可想而知的。这是一种垂暮的状态，而商会应该是活力无限、生机勃勃，带给会员安全感和希望的组织。开放是激发活力、吐故纳新、博采众长、扩大力量的根基。很多商会做了很多年，可以说非常平淡，没有做出一件让会员有说头的事，没有做一件让自己想起来热血沸腾的事，这对资源是一种极大的浪费。

2. 互助

关于互助，我给大家讲个故事：广东高科技产业商会开办之初，当时能够做到两三千万元营收的民营企业已经非常厉害，属凤毛麟角。民营企业当时的发展非常艰难，特别是融资难，而且根本贷不到款，因为没有信用记录，银行不知道以什么标准给他们贷款。怎么解决资金问题呢？靠朋友、亲戚、家人筹集起步资金或解决发展中的资金缺口。那时候大家都没有多少钱，结果只是杯水车薪。商会当时最大的价值就是帮助企业筹措资金，很多人找商会、找我都是因为资金问题，我也凭个人信用帮过他们，但是我没有钱，钱从哪里来？都是从商会企业家那里来的。

有一次，一个开酒店的老板找我，他说如果没有 50 万元，他的资金链就要断了，苦心经营的酒店就会破产。我听后，也很为难，因为凭借商会的信用和个人担保，我已经为很多人借了钱，再借，我也不好意思开口。所以我一开始是拒绝的。但是他非常肯定地说，只有我能帮他，因为他相信我会的互助文化。这也是我一直在商会宣扬和倡导的。

正是因为这句话，我给商会一个老会员、老朋友打了电话，说要帮另一个会员借 50 万元，没有资产担保，如果需要担保，我以个人信用、商会信用和商会文化来担保。这个老朋友没有再问，第二天就把钱转了。3 个月后，我打电话给他，了解一下这笔钱是否如期归还了，他说没还。我有些过意不去，但是这个朋友却非常大度地说，王会长，这件事你不要放在心上，你帮会员借钱，是你的职责所在。我愿意信任商会，是因为商会会员之间一直诚心相待、互帮互助。他不守信，是他的问题，我会让律师找他。

说实在话，15 年前借 50 万元，不仅需要实力，更需要信任，但是我们做到了。说这件事，想表达的并不是广东高科技产业商会有多牛，而是广东高科技产业商会做对了一件事，那就是对文化的毫不松懈和毫不忽视，从一开始就进行文化培育、氛围营造，这种潜移默化的影响也许在某一天就会开花结果，给人意想不到的惊喜。也正是在这种互助文化的影响下，我们商会创造了在会员之间津津乐道，说起来非常骄傲的合作模式——"互为顾问、互为董事、互为股东工程"。

互为顾问，指你给我做顾问，我给你做顾问，是一种智慧互助、经验互助。互为董事，指我帮你决策，你帮我决策，可以称为资源互

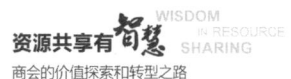

助、管理互助。互为股东，就是你是我的股东，我是你的股东，形成资本互助、利益互助。更进一步发展后，就到了第四个阶段——互为"亲家"，即情感互助、文化互助。

由解决资金的互助，到信息、理念、战略、资源互助，互助文化逐渐从一个方面变成了很多方面的具体行动，而这些行动又会不断丰富互助文化的内涵，延展它的价值。

3. 捧场

捧场实际上就是给面子。面子是相互给的，和熟人社会的人际网络分不开。在商会更是这样，商会就是一个从生人到熟人的关系网络。

捧场有别于个人主义，个人主义具有某种非道德、中性化的倾向。现在到处能听到的团队合作，其实隐含着平等个体组合的意味。捧场对商会来说有一定的作用，它让企业家这种习惯以自我为中心的人，注重他人的感受。在任何圈子中都有人，有人与人之间的关系，他人感受与自我感受原本便是一体之两面，如果人人都忽视别人的感受，那么你可能迟早会发现，自己所面对的是一个冷漠的世界。

4. 学习

当今社会的竞争就是知识的竞争、人才的竞争、学习能力的竞争，靠资源、关系、胆识成功的时代已经过去了。科技发展一日千里，知识迭代追风掣电，信息浪潮风起云涌，不学习就是退步。

一个月前，我去看一家企业，老板是哈佛大学毕业的博士，他做的眼镜可以代替电视机、翻译机、手机，能用声音控制，运用了人工智能技术。我前天见到创维的老总黄宏生。我说黄总，你现在危险了，电视机会被眼镜取代。如果不学习，不了解形势变化，不洞悉市场，不未雨绸缪，不提前布局，被取代的那天，你都不明白这到底是怎么发生的。所以，创维也在积极求变，多元化发展，除了电视机，还在做新能源汽车。

如果不学习，你还会让你的孩子从事那些未来将消失的职业，如律师、老师、翻译等。这些未来将消失的职业现在看起来都是风光无限的，收入很高，需要海量知识，备受尊重，有一定社会地位，但是人工智能出现了，电子神经元出现了，机器人未来将代替这些现在看起来不可能完成的工作。不仅是需要计算和精确度的工作将会被取代，甚至需要加入人类思维和情感的工作都已经在被机器人突破了，如钢琴演奏、电影剪辑等。

科技在颠覆，在消灭，也在创造，我们的出路在哪里呢？学习。所以商会要积极倡导学习，要开各种各样的培训班、研讨会，为大家打开更广阔的视野，早一点、快一点、多一点知道世界正在发生的变化，就会早一点、快一点、多一点生存和发展的机会。十多年前说互联网将改变世界，很多人打死都不相信；但是十年过去后，互联网已经改变了这个世界，改变了我们的工作方式、学习方式、生产方式、娱乐方式、思维方式。

培训有助于提高大家对政策的学习、理解及运用能力。很多民

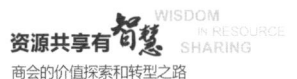

营企业家对政府的政策不了解，也看不懂，深圳市就有很多这样的情况，政府出台政策补助企业，却没人去申请。我们请政府顾问、专业机构来对企业进行培训，帮助他们学习政策，理解政策背后的综合因素，从而使企业更好地运用政策，促进企业的发展。

对于企业"走出去"，基础性的工作也是培训。比如企业作为实施"一带一路"倡议的重要主体，了解一带一路国家的政治、历史、文化、法律，是企业成功"走出去"的前提。如果没有系统的培训，仅凭一腔热血和雄心壮志，最后很可能会铩羽而归。商会要做的是为企业铺平道路、保驾护航，推动企业"走出去"。

沿海地区和内陆地区人们的重要区别之一，是视野上的区别。我在西安的大学讲课的时候，有个同学问我，王老师，为什么西安的大学生不如深圳的大学生创业容易？我说你这个问题问得特别好。西安属八百里秦川，自古以来不缺吃喝，没有危机感。但是过去广东要山没林、要田没田、人多地少，怎么活？潮汕人都得漂洋过海，死里求生，这是表面现象；更深层次的是，漂洋过海的同时，开阔了视野、丰富了阅历，自然有助于创造财富、成就传奇。我们再看深圳，房价高、物价贵，只有拼搏努力，才能出人头地。除了拼搏努力，就是不断学习。不学习，就会被别人赶超；不学习，就会被别人"碾压"。说起来很残酷，但唯有烈火，方能锻造出好钢。

5. 共享

"共享"这个词现在已经有点烂大街了，共享单车、共享汽车……虽然已经不新鲜了，但也正说明了大家对"共享"的需求。

有一天中午，我去一个餐厅吃饭。隔壁有 4 桌全是头发花白的老爷子、老太太，看上去都七八十岁了，但都身体硬朗、精神矍铄。我们点了菜准备吃的时候，突然一个老爷子站起来，声音洪亮地倡议：让我们所有在场的人都给这两位老人热烈的掌声，祝贺他们结成"共享夫妻"！这个词让我们倍感新鲜，于是我问旁边一位阿姨："共享夫妻"是什么意思？

她说我们都是一个单位的，20 世纪 50 年代支过边，大家都相互了解。这些老同事有的死了老公，有的死了老婆，现在年纪大了，需要人照顾。如果结婚呢，会牵涉很多法律关系，也会对百年之后的遗产分配带来很多问题。他们从"共享"中得到启示，何不顺应形势，搞共享？就是不结婚、不分财产，但是搭伙过日子，相互照应，也省了孩子们操心，减轻他们的负担。

我问：生活上怎么处理呢？阿姨告诉我，双方建立一套共享机制，伙食费原则上由双方承担，重大开支实行 AA 制；谁家老人生病，谁家就出钱。

老人们都勇敢地进行着适应现实的尝试，说明共享这种文化和理念已经深入我们生活的各个层面。对于商会来说，共享更是不能忽视的。

我曾经对浙江企业家和广东企业家做过比较，发现广东人的共享理念没有浙江人强。浙江人开通一个渠道，所有人共享，成为公共资源，也就是"造势"。大家到法国巴黎，可以看到许多浙江人的店，

他们先一部分人"攻城略地",占下来以后,所有浙江人"压进去"。广东呢,单打独斗的多,常常是靠一个能力很强的人来造势,其他人跟随。

6. 合作

共享的目的是要推动合作,所以一个优秀的商会一定是善于创造合作模式的商会。我们可以找到一个合作的点,围绕这个点来创造模式。比如学习上的合作、资源上的合作、渠道上的合作、股权上的合作,通过这些点,"编织"出关系紧密的网络,使商会的凝聚力、召唤力、影响力不断增强。

四、如何让商会焕发青春激情①

今天我们沐浴着十九大精神的光辉,萦绕着成都初冬的芬芳,相聚在四川省委党校。说起和四川的缘分,可谓既深长又深厚,我和咱们川商总会的刘永好会长是 20 年的好友,并长期保持着密切的联系;2017 年,我给川商企业家和全国川商会会长、秘书长讲了 4 次课;从

① 本文是作者 2017 年在四川省委党校的讲座实录。

2001 年开始，我带广东高科技产业商会的会员到四川考察不下 10 次。未来，我们还将在四川有更深远的战略考量。我与四川应该说是早就结下了不解之缘，今天能与大家共同交流商会在新时代的新价值及助力企业发展的话题，正是这份良缘的结果。

谈到商会的新价值，我想问问大家对商会的价值到底是怎么看的？有没有深入思考商会对企业家个人形象提升、对企业软实力打造有什么作用？在新时代，商会应该留下怎样的"注脚"，确定怎样的位置？商会又将为企业发展、产业转型提供怎样的支持和动能？这也是我最近一直在思考的问题，今天将一些心得、成果和大家进行交流。

先给大家讲个故事：去年秋天，我接到一个好哥们儿的电话，他告诉我要辞去商会秘书长的职位，另谋他路去了。听到这个消息，我有些愕然，但也并不意外。他是个典型的商会人，天生就是做商会的性格，热情爽朗、慷慨仗义、热爱学习、乐于助人，而且在商会勤勤恳恳耕耘了 10 余年，突然说要离开，让人有些惋惜。

说到原因，一向意气风发的他有些灰心低沉，他说他已经非常努力了，但是随着商会竞争的加剧，他所在的商会已经太过传统，没有创新动力，即便想进行一些改革，遇到的发展惯性和阻力太大，人心涣散。他总结了目前传统商会面临的三个主要问题——观念陈旧、服务产品陈旧、人才陈旧，"三旧"带来的是跟不上新时代，激发不了新动能，创造不了新模式，实现不了新价值。长此以往，苟且偷生，最终一定是大浪淘沙，被时代大潮所吞灭。既然预见到结局，干脆寻找

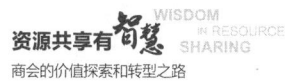
新的舞台去了。

这个故事其实并非个案，在转型期，商会面临的正是如何革故鼎新，完成从旧到新、从弱到强的改革难题。正如习总书记所说，"中国改革经过30多年，已经进入深水区，可以说，容易的、皆大欢喜的改革已经完成了，好吃的肉都吃掉了，剩下的都是难啃的硬骨头"，全面深化改革是决定当代中国命运的"关键一招"，现在商会也同样需要全面深化改革。

（一）商会如何涅槃重生

1.更新旧观念。我在商会工作了十几年，同时担任深圳市社会组织总会副会长和广东省社会组织总会常务副会长，对商会非常了解。据我所知，中国大部分商会对自身价值缺乏准确认知，大都认为商会是"桥梁""纽带"。

对商会"桥梁""纽带"的定位是计划经济时代的产物，它有着深刻的历史印记，但时代进步了，很多人的观念还停留在过去。观念陈旧制约着思维创新，因循守旧的惯性越大，对商会发展的伤害也越大。

大家都知道，人类的每一次进步都会带来一次范式革命，范式革命将对技术、生产方式、生存环境、思维认知等都产生颠覆性的影响。大家也可以看到，信息技术正在对我们的生产方式、生活方式、学习方式产生革命性的影响。很多事物都变了，进入了一个"反经验时代"，但商会还在"以不变应万变"。所以从哲学思辨角度对商会重新定义，是应对新变化的首要态度。

在发生了深刻变化的今天，无论是对商会、企业，还是对产品、服务，都必须重新定义，重新定义其价值、功能、流程。重新定义，用埃隆·马斯克的说法就叫"第一性原理"。所谓第一性，就是抛开所有加在某项事物上的经验性认知，或者是固有判断，穿过被历史尘埃和各种思想所覆盖的外表，直抵事物本质。通俗地说，就是让一个浓妆艳抹，已经看不出本来面目的女子，卸下妆容，回到素面朝天。所以马斯克做汽车，不是根据近100年来汽车工业的经验和老路来确定做更快、更省油、更经济的汽车，而是问自己，在现阶段，人们想要什么样的汽车。

从历史发展来看，商会长期以来被披上了层层外衣——老乡联谊、情感交流、维护权益、上传下达等，但这些都不足以定义商会，也不足以概括商会真正的价值。

2. 创造新服务。根据经验和传统做法，商会提供的服务无外乎简单的联谊、搭建信息平台等。这些服务的技术含量和附加值非常低，几乎没有门槛，也无须太多专业技能，任何一个商会都可以提供这样的服务。打个不太恰当的比喻：商会拥有资源，就像厨师面对众多原材料——萝卜、白菜、西红柿……如何将这些原材料进行合理搭配，加入多少油、盐、酱、醋，才能做出一盘色、香、味俱佳的菜肴，并形成独特的风格？中国八大菜系给人鲜明而深刻的印象，就是因为基

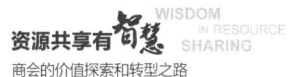
于自身优势、文化特点，而有创造性、个性化的发挥。

看看做得比较成功的商会，比如深圳的服装协会、家具协会、钟表协会等，大家可以看出，它们都有非常经典的活动和案例，有自己独特的服务，形成了一定的品牌力。

3. 吸纳新人才。新人才的"新"是指年轻人。现在的商会，从会长、秘书长到工作人员，年龄普遍偏大，因为以前做商会，不需要太多创新思想，年龄大，反而给人一种老成、靠谱、稳定的感觉，企业家也觉得年龄和阅历摆在那里，在交流时会多一份尊重。事物在不断发展变化，矛盾也在不断发展变化，曾经的优势已经成为今日的短板，年龄大了，受很多固有观念影响太大，不太容易转换思维，跟不上时代步伐，这在情理之中，也是普遍现象。为了适应新的发展，唯有启用年轻人。年轻人是我们这个时代的希望，他们能更好地把握节奏、触摸脉搏、感知风口、变换方向。同时，年轻人的朝气、锐气和敢想敢干、敢于拼搏的精神，是激发企业家活力的点火器，所以现在企业家也非常愿意和有理想、有视野的年轻人交流。年轻人应当成为商会、企业吸纳和启用的中坚力量。

很多优秀企业的中层干部，甚至高层干部都是 80 后、90 后。刘永好告诉我，新希望集团中高层的 80% 都是 30 岁出头的年轻人。对于 50 后、60 后来说，他们似乎正在被年轻人包围，并一点点失掉自己的地盘。从另外一个角度来看，我认为这对 50 后、60 后来说也蕴藏着新的机会，他们的经验虽然不适用了，但他们对人生的感受、积累的智慧却不会因时代发展而失色，反而会成为企业飞速发展的"定海神针"。50 后、60 后不应和年轻人拼知识，而应当找到发挥智慧的领域。商会也好，企业也好，除了启用年轻人以外，也要保持人才结构的均衡，让合适的人到合适的岗位。年龄大的人到新的岗位也会成为新人才。

商会在面临新旧环境交替时要破"三旧"，最关键的是突破观念，因为观念决定方向、思路决定出路。明确商会真正的价值，才能树立坚定的发展信念，才能找到正确的发展方向。

4. 创造新模式。5 年前，我把商会的经济价值分为 4 种：平台价值、方案价值、模式价值和引领价值。

平台价值非常好理解，商会建立了各种联谊平台、交流平台、展示平台、技术平台、商务平台，这些平台能给企业带来很多商业机会。比如搞个展会展示产品，这种形式对企业来说价值很大，全球 70% 的展会都是商会办的，这也是商会平台价值的最佳体现。

方案价值需要商会有能力提供专业服务，比如我会的金融服务体现的就是方案价值：对于企业上市问题，该不该上、怎么上、在哪儿上、什么时候上、需要哪些资源，这需要专业人士提供专业化的系统解决方案。对于企业投资问题，在哪儿投资、需要什么样的资源、跟政府怎么对接，因为我们与政府长期交流的专业能力和专业渠道，可以给企业提供更加专业的解决方案。与政府对接的方案价值现在已经不是商会的核心价值，因为随着企业的发展壮大，很多企业已经有非常强的谈判能力，也有专门研究政策的部门，所以商会的方案价值在递减。

广东高科技产业商会曾经创造了十大模式，随着旧模式不断被淘汰，新模式不断被创造，现有"智慧工程模式""信用互助模式""雁群投资模式""麻雀变凤凰模式""互为顾问、互为董事、互为股东工程""新丝绸之路模式""技术联盟模式""科技金融产业三融合模式"。这些模式随着时代发展而不断变化，为我会带来了强大的凝聚力，增强了我会的资源吸附力。

对于商会来说，更重要的是引领价值。培育商会独特的文化，形成商会独特的气质，通过文化、精神引领会员的发展方向，帮助会员设计发展战略。引领者＋设计师的综合角色极大提升了商会的文化层次，也使商会的价值得以彰显。

（二）商会的新经济价值

十九大之后，中国社会经济展现出新的面貌，我对商会的价值进行更加深入的思考后，对其做了进一步丰富和提升，认为未来商会应该发挥如下四大新经济价值：方向性价值、融合性价值、系统性价值和公共性价值。

1.方向性价值。方向错了，再努力都白搭；方向对了，即使暂时失利，也还会有很多机会。经济领域的例子，大家都很熟悉了，比如马化腾、马云找准了互联网时代的发展方向，把握住了发展趋势，主动参与其中，成为时代的弄潮儿。孙中山先生曾说："天下大势，浩浩汤汤，顺之者昌，逆之者亡。"

　　找准方向，才能的发挥才会是正向的。方向是旗帜，是基调。商会的方向性价值体现在什么方面呢？应该站在行业发展的前沿阵地，应该最先感知风是朝哪个方向吹的。从这个角度来说，商会是行业、经济的智慧集中营，要研究产业发展的整体战略，研究各个省市的产业导向，研究从中央到地方的产业政策，研究会员要解决的共性问题，所以大的商会必须设立政策研究部门。

　　在经济新常态的重大历史节点和时代语境下，商会作为经济发展的观察者、推动者和行业发展设计师，必须为企业"登高望远""掌舵远航"。在目前虚拟经济"虚火"过旺、体质"虚胖"的环境下，经济要脱虚向实已成大势。十九大报告明确提出："建设现代化经济体系，必须把发展经济的着力点放在实体经济上，把提高供给体系质量作为主攻方向，显著增强我国经济质量优势。"没有实体经济作支撑，虚拟经济终究是"空中楼阁"。不论经济发展到什么程度，实体经济都是我国经济发展在国际经济竞争中赢得主动的基础。商会在当前的经济、社会环境下，要引导会员保持定力，坚守实体经济，做到不焦躁、不灰心、不动摇，加快技术、产品、管理、商业模式等创新，帮助他们培育以创新驱动为核心的竞争新优势，安心、专心、用心创业创新，为实体经济的繁荣种下坚强的种子。

　　坚定发展实业的方向，那么实业应该走怎样的转型升级方向呢？坚定不移地走轻资产、科技型之路，这是毋庸置疑的。我看到还有很多企业在圈地建楼、投资厂房设备，对于这些企业，商会有责任、有

义务提醒和引导他们看清经济的发展大势。放眼望去，目前最具竞争力的企业 90% 是轻资产，一定不能心存侥幸，或者任由经验、惯性发展，警惕"灰犀牛"（太过于习以为常的风险），一旦不及时转型，最终会被积累起来的小风险养大的"灰犀牛"吞噬。

在产业方向方面，一定要关注战略型新兴产业。能够长期持久发展，具有战略意义的互联网、新能源、新材料、人工智能、基因工程、空间技术、海洋技术等，都是战略型新兴产业，这些产业不仅关乎未来，而且是政府大力支持的。深圳市政府最多补助 1.5 亿元。

在市场方向方面，要紧跟国家战略，"一带一路"倡议已经给企业指明了非常清晰的未来市场。在与中国驻东盟大使、中国驻印尼商务参赞交流时，他们表示，在"一带一路"倡议下，已经有大量中国企业进入东盟，很多大型国企已经有了实质性的落地。做企业要务实，也要务虚——有大局意识、研究意识、学习意识。商会在引领方向方面要发挥资源优势、智力优势和融合优势，既要"低头拉车"，也要"仰望蓝天"，引导中小企业加大研发投入力度，努力掌握关键核心技术和自主知识产权，特别是要通过技术创新带动产品创新和生产经营模式创新，努力将价值链向研发、标准制定、销售服务等方面拓展，发挥科技创新在全面创新中的引领作用，不断开发新技术、涉足新领域、推出新产品，通过产品创新引领消费创新。

2. 融合性价值。大家都说互联网的要义和本质是去中心化。现如今产业边界正在模糊化，去中心化也在慢慢出现，这些是跨界、融合、重构的时代基础，也是时代要求的结果。

社会分工是工业社会追求效率的结果。随着工业化程度的不断加深，社会分工也越来越细，为了与社会分工相配套，学科也分得越来越细，学科之间、工种之间的分割与隔离现象越发显著。可以说，分工分科为工业社会的发展奠定了非常坚实的基础，不仅积累了大量物质财富，也推动了人类文明众多成果的出现。任何一种制度都是应时、应势而生的，它必然有不可克服的时代局限性。随着时代的发展，我相信大家深刻感受到了，从单一角度、单一学科、单一视角、单一领域，越来越难以抓住事物的本质，越来越难以做出正确的抉择。我们现在面临的正是融合的时代命题。

相信各位企业家现在每天都会看到无数 ×× ＋："网络＋"，互联网正在加速与传统产业的跨界融合和产业布局；"要素＋"，"文化＋科技""文化＋金融""文化＋创意"等新兴文化业态如雨后春笋；"行业＋"，"旅游＋现代农业、度假养生、生态养老、文化民俗体验"等，有力地撬动了旅游产业的转型升级；"平台＋"，打造众创、众包、众扶、众筹平台，构建起多方协同的新型创业创新机制；"产业＋"，制造业和服务业的融合互动，已经成为推动全球产业升级的重要驱动力量。

这就是融合重构。这是一个消灭企业的时代，也是一个创造企业的时代。可以断定，很多企业的生命周期都会缩短，原来有人说民营企业只有 2 ~ 3 年的寿命，未来将会更短。若能认识到现在企业的发展周期和阶段——创新、发展、融合再创新，就有可能在良性闭环中获得更加长久的生命力。

拿现在比较火爆的滴滴打车来说，它就是创新、发展、融合再创新做得非常好的企业，已经走过一个完整的阶段。现在，它融合了租车、软件、支付等资源和产业，成为出行领域的龙头企业。当企业融合的内容越多，延展性就越强，可能性和想象空间也就越大。我有个朋友正在四川建设一个田园综合体，将农业、旅游、文化、生态体验等融为一体。

3. 系统性价值。随着技术的进步、传统模式的转换，依靠单一资源，越来越难以守住企业，现在进入了"系统竞争力"时代。靠抓住某种单一的、稀缺的或垄断性的资源，使企业快速成长的时代已经一去不复返了。

深圳房价和创业成本之高是全国皆知的，但为什么大家创业还是愿意去深圳？因为深圳有完整的产业链、完善的市场竞争机制、完备的服务体系。在深圳做企业，也许从单一角度看，成本高是一个很大的竞争劣势，但是从系统来看，却有极强的竞争力，深圳拥有良好的产业生态链，未来的竞争一定会呈现为一个生态链与另一个生态链之间的竞争，不再是一个企业与另一个企业之间的竞争。

分解来看，我们身处两个系统，纵向系统竞争和横向系统竞争。纵向系统竞争是整个行业的竞争。商会的价值在于联合所有资源和力量，把这个行业做大。只有行业这个蛋糕做大了，大家才能分享整个行业的红利。行业做大了，商会的力量也会相应增强；商会的力量增强后，其横向系统竞争力就会增强。

现在我们所能看到的强大的商会，比如泰国中华总商会，其会员企业产值占了泰国整个财富的50%；印尼中华总商会，一共才300多人，但是其会员企业产值占了印尼财富的40%。中央领导人到泰国和印尼，大都会访问这两个商会。强大的商会，能为会员争取到更多的话语权和权益。

国内拥有强大影响力的综合性商会有潮汕商会、温州商会，它们具有很强的横向整合能力，会员之间互动互助，得以整合更多的资源，发挥更大的价值，产生跨行业的横向价值，由此打造出了强大的横向系统竞争力。

4. 公共性价值。商会要有良好的公共形象，这是其公共性价值的第一体现。奋发有为、团结互助、阳光诚信、充满活力、积极创新，这些是商会要展示的形象。

说到川商的形象，我觉得川商总会充分发挥了形象价值。川商总会树立起了川商爱学习、有情怀、乐分享、敢拼搏的整体形象，基本完成了公共性价值的第一层面。

代言价值是公共性价值的第二层面。商会存在的原始价值就是代表会员利益，当会员利益受到侵害时，要以组织和群体力量去帮助、扶持企业。在好的时候，吃龙虾都没感觉；在不好的时候，送一块面包，都将被记住一辈子。商会不仅要做锦上添花之事，更要有雪中送炭之举。另外，商会要创造更多集体利益，累积更多社会资本。社会资本是一个人在组织中或在社会上的口碑、形象、声誉、影响力等，在某种程度上就相当于软实力。有些企业突然意外亏损甚至破产，但是很快又能崛起，靠什么？靠的就是社会资本，即在一个组织中长期

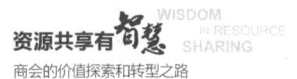
形成的无形资本。商会必须为会员挖掘、创造社会资本。

公共性价值的第三层面在于培育和引导良好的商会文化，作为社会文化的重要组成部分。无论是从行业层面、经济层面，还是从政治层面，商会作为商业文化、公共价值的倡导者和推动者，都要承担很大的社会责任和文化责任。

商会应倡导共建共享的价值观。在新型政商关系中，这种价值观体现为习总书记概括的"亲""清"二字。民营企业家和政府领导交往是经常的、必然的，也是必需的。这种交往应该为君子之交，要亲近，但不能搞成"红顶商人"和封建官僚之间的关系，也不能搞成西方国家大财团和政界之间的关系，更不能搞成吃吃喝喝、酒肉朋友的关系。商会要倡导广大民营企业家洁身自好不越线、遵纪守法办企业、光明正大搞经营，遵循法商意识，树立"守法就是投资"的理念，透明运作、阳光利润、坦荡生活。商会应成为良好商业生态环境的建设者和维护者。

（三）发展的新动能来自何处

1. 新动能来自新视野

视野从何处来？读万卷书的理论思考＋行万里路的求真实践。我每天坚持读书，去过世界 80 多个国家和地区，与各国政府官员、企业家等各界人士交流。前两个月，我再次去了哈佛大学、麻省理工学院、牛津大学、剑桥大学，每次去都会有不同的收获和感受，都能启发不一样的灵感。我会的国际路演中心的设想就源自这些频繁的交流，源自信息的交汇、观念的碰撞。国际路演中心会展示全球的先进技术，推动全球优质项目和企业的合作。

2. 新动能来自新理念

第一个理念是中国的发展关乎世界，而企业家不仅肩负着国家、民族和时代使命，还肩负着人类使命，使命感会催生强大的动能。

第二，在企业的发展中，要有轻资产理念。以损害资源、破坏环境为代价的生产模式和经营模式，很快就会面临消亡。

第三，树立直接融资理念。美国企业的直接融资率达到80%，发达国家的企业直接融资率都在70%以上，我们与之差距甚远。

第四，树立顺势而变的理念。现在已经进入了信息时代，但很多人还是工业经济思维。可以做工业产品，但是不能用工业经济思维。持工业经济思维的人仍然以卖产品为最终目的，依然是关注功能多于关注体验。现在我们还有很多是人工制造，但未来是智能制造；我们还在做传统服务，但以后是科技服务。

第五，树立多元分享理念。未来具有竞争力的企业是股权多元化的，一股独大的企业是不长久的。

观念影响思维，思维影响行为，行为影响命运。做任何事的重要动力之一是观念，而最坚固、最难打破的也是观念，希望大家给予足够的重视。

3. 新动能来自新技术

第一是互联网技术。互联网带来的变化之一是思维方式的转变：①从所有权到使用权的转变。所有不重要，重要的是使用。滴滴打车公司有车吗？有，但它平台上的车并不是都归滴滴打车公司所有。出租车公司花了大量资本去买车，但很多都为滴滴打车公司所用。滴滴打车公司的估值约500亿美元，阿里巴巴的市值约3000亿美元，腾讯的市值约3000亿美元，哪家重资产公司可以跟它们相比？②成本意识向定价意识转变。做企业，讲成本没错，但成本并不是最重要的，定价才是关键。滴滴打车最初不断地补贴，一出手就100多亿元补贴，成本高不高？补贴是为了定价，以便获得主动权，而不是被动地跟着市场跑。③从销售产品到服务客户的转变。很多企业就是重在销售，以把产品销售出去为目的；但在互联网时代，更注重的是持续服务，而不是一次性买卖，产品只是提供后续服务的入口。重心改变，流程和策略也应改变，从服务端去赚钱，而不是从销售端去赚钱。

第二是人工智能。除了对我们现有的认知、伦理及哲学提出挑战外，人工智能对企业、产业的改变已经初见端倪。随着机器人的出现，"无人工厂""黑灯车间"相继出现。工业革命是"羊吃人"，大批农民被从土地上赶进城里，赶到工厂去；现在则是"机器吃人"，大量工人从生产线、车间转移到服务领域，给企业带来新动能的同时，也促使企业思考更多转型的领域。

智慧交通、智慧家庭、智慧医疗、智慧教育等，人工智能将在许多领域取代人类。迪拜已经出现机器人警察，无人驾驶飞机也已经研制成功。有人认为技术型工作会被取代，但在艺术方面，人类一定完胜。其实不然，绘画、演奏、电影剪辑等需要人类思维和情感的工作，也已经被证明，人工智能可以胜任。那未来还有哪些领域是人工智能无法攻克的？这个问题，企业家需要思考，因为新的商机也许就蕴藏在其中。

我听过一种说法，也许可以给大家一些启示：大量工作被人工智能和机器人取代后，这么多人该干点啥呢？马克思说，劳动是人类的本质活动。人是必须要干点啥的。所以未来最有前途、最受欢迎的将是工作创造者，能够创造一种工作，让人从中找到意义。比如说你有做手工的爱好，但你的手艺肯定赶不上机器，所以不会有人雇佣你做手工。但有一种人，给你提供一个工作场景，让你从事手工工作，还有同事共同协作，提供销售渠道，你为他干活，但不是他给你发工资，而是你付费给他。真正的才能在于整合资源，创造工作场景，类似于电子游戏。电子游戏是纯虚拟世界，这个工作场景则介于虚拟和真实之间，与你协作的同事可能是人工智能，也可能是人机合体的智能人。

第三是基因技术。当人的基因被全部解码后，就可能形成一种方案，利用这种方案，可以将坏死的细胞替换掉，将产生疾病的细胞替换掉，很多人类目前无法治愈、无法攻克的顽疾、绝症将不再是问题。当人不再被生老病死所困扰、束缚，人类可能就会面临新的困境，比如想死却死不掉，活着又没意义、没动力；通过基因重组，满

大街都是帅哥美女，满眼都是年轻的脸庞，世界将因失去多样性而丧失活力，社会结构、社会秩序将因失去标准而陷入混乱。当然，以上只是我想象中的一种极端情况。之所以要这么做，是想通过这种方式，寻找其中的机会，提醒大家预防风险。

第四是工业革命。第一次工业革命，机器代替了手工劳动。第二次工业革命，人类进入了"电气时代"。第三次科技革命，人类生活的方方面面都发生了重大变革。第四次工业革命的主要内容是什么，可能就是大家的风口。

4. 新动能来自新模式

第一是共享模式。毛主席曾说："贪污和浪费是极大的犯罪。"对于贪污，国家现在是重拳出击。对于浪费，现在也开始引起大家的注意了。很多原来看起来不是浪费的现象，其实细思极恐。满大街的车，满眼的高楼大厦……我们真的需要这么多物质吗？

商会一个做地产开发的老板曾经讲过一个故事：有一次，他到工地视察进度，有个老农问他建这么高的楼是用来干什么的，他告诉老农这是写字楼，老农非常不解地问，到处都是写字楼，有那么多人会写字吗？看似不经意，看似很朴实的一个问题，却引发了他的思考，也正因此，坚定了他转型的决心，开始投资更多智力型、战略型的科技产业，特别是节约资源、共享资源的项目，并开始积极推动大家将现有资源进行分享，尽量从存量要效益，而不是一味去开发增量，制造浪费。

共享模式在经济领域已经有非常多的成功案例和丰富经验，共享汽车、共享房屋、共享办公、共享床铺等相继出现。令人十分振奋的是，在困扰国人生活和中国经济的房子问题上，共享理念也已经有了进展。

第二是循环经济模式。过去我们通过资源消耗来获得经济发展，这种发展方式带来的副作用是资源枯竭、环境污染等。但我认为还有一个危害，即对我们的思维方式和观念造成影响——拥有资源，就能将事情做得更好；资源少，就做不好。这是一个压制创造性思维的毒瘤。而循环经济不仅能减轻环境的压力，更能激发我们的创新思维：关注长远目标，尽可能利用现有资源去创造更大价值。当我们将拥有的资源进行限制之后，虽然貌似自由度降低了，但实际上是有利于激发创新的。比如你要钉一颗钉子，家里没有锤子，也不准买锤子，怎么办？家里有什么硬东西，敲就是了嘛。这样就启发了新思路，也让原本无法发挥锤子作用的物品有了新的用途。

第三是叠加模式。如果仅盯着利润，企业的动能增长是有限的；但如果加上估值，增长就会产生裂变效应。很多企业还在降成本、扩市场、做广告等方面做文章，如果不去叠加口碑、品牌，不去占领消费者的心理，无论现在市场多大，广告做得多么铺天盖地，可以预见一定是好景不长的。

5. 新动能来自新市场

国内市场非常大，可以进一步挖掘拓展，深耕国内市场的企业

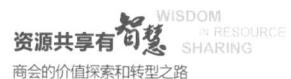
也可以放眼世界；以前在国外下功夫的企业，则可以回头看看国内市场。这样说，大家一定认为我在说废话。但我所指的新市场并非沿袭企业固有的产品、路径、渠道等，而是从宏观角度看到与之前想象中迥然不同的机会。

企业家应该是善于开拓、勇于冒险的。在"一带一路"倡议下，东南亚等新兴市场就是一片待开垦的沃土。大家出去走走看看，不仅有助于新市场开拓，对公司的战略方向、产品定位和发展模式也会有新的认识。

不仅东南亚等国家有众多机会，就是在老牌的发达国家，如英国，大家也会发现商机扑面而来。今年我去伦敦，最大的感受就是英国太旧了，几百年的建筑记录着历史的沧桑和厚重，也压抑了人的活力和热情。几千年人类文明的成果在博物馆迎头压来，人类进步的荣光反而成为轻装上阵的负累。英国最好的酒店，进门还是用非常古老的钥匙，灯还是开关控制，拨上拨下的，非常怀旧，这些是人类过去生活的美好记忆；但从生活角度，我觉得可以有所改进、有所变化。从不同的角度出发，就会有不一样的风景，不能说谁优谁劣，但机会也许就在其中。

6. 新动能来自新人才

企业的竞争归根到底是人才的竞争，用新时代的新人才，才能跟上时代发展的步伐。有句歌词是"不是我不明白，这世界变化快"，我算是有点学习能力的人，也一直没有放弃学习，即便如此，我时常感觉自己有些落伍。

新人才首先新在"通"，专才无论在一个领域钻多深，也只能打出"一口井"来，能够获得的"水量"是有限的。通才能够触类旁通、"东纵西横"、三生万物，"水源"才能源源不断。

建议天府商学院不仅开设管理学、经济学等学科，还要加大心理学、社会学、哲学的课程比重。随着时代的发展，学管理学、经济学的人从技术角度分析问题、理解社会，可能会过于单一、狭隘，有一定的时代局限性。心理学、社会学和哲学探寻的是更加普遍的规律，未来从这些角度思考，将对正确决策产生较大的影响。

以心理学为例，孟子曾说"得人心者得天下"，《孙子兵法》强调"知己知彼，百战不殆"，讲的就是掌握心理的重要性。再讲个故事，大家就会更清楚掌握心理的威力了：冒顿单于曾将刘邦围困于白登山，即史上著名的"白登之围"。就在多次突围未果、穷途末路之际，刘邦的谋士陈平献计，派使者前往匈奴大营拜见单于的阏氏（汉代匈奴单于之嫡妻），很快就扭转了战局。使者做了什么呢？他首先送上了黄金、珠宝等贵重的礼物，然后说汉朝皇帝准备送美女给单于，并呈上了美人图，请阏氏向单于转达罢兵修好之意。阏氏一见美人图，唯恐自己因此失宠，于是劝说单于。而单于正因久攻白登山不下而烦恼，便撤去一面之围，刘邦乘机冲出了重围。此事就是因为陈平洞悉女人的微妙心理，让使者说到了点上，最终扭转了局面。

通才还具有较好的语言表达能力，能够将自己的新观点、新认知、新收获及时传达，通过互联网进行传播，对企业来说，比投放几

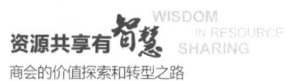
千万元甚至上亿元的广告更有效。现在流行的思想营销、理念营销、情怀营销，皆源自某些人强大的演讲能力。

新人才还新在"尖"——在专业领域攀登到"金字塔"的顶端。从技术层面来讲，其实就是在基础层面有所突破。科学技术的进步常常来自底层的研究突破，而现在缺少的正是基础研究人才。华为已经在做这件事，它设立了多家实验室，储备了几千人的研究团队，专门做基础研究。

新人才还新在"合"——具有整合资源、协调能力、执行能力。这样的新人才能够不断扩大公司发展的外延，增强团队合力，进行跨组织协作。互联网越发达，组织内合作、跨组织合作、跨领域整合就越来越频繁，对人才的整合能力、协调能力就提出了更高的要求。

（四）商会如何助推企业新动能

1. 助推企业开阔新视野

商会要定期举办培训，邀请高人、能人来指点迷津，交流思想。人生路上，每个人都需要高人指点、能人相助。从历史来看，能够成就一番伟业，做出一番大事的人，都是有雄才大略的。高人、能人能够帮助人们开拓思路、创新方法，实现伟业或做成大事。有位高人曾经和我说过一句话，至今仍然深深地影响着我。他说，想成就大事，一定要站在高山看流水，不要坐在岸边看旋涡。天府商学院组织大家学习培训，就是帮助大家开阔思想境界、拓展知识视野，打通"任督二脉"，所以大家不要辜负每次的学习机会。

2. 创造共建共享机制

商会要凝聚众人的智慧和力量，共同创造新理念、新模式，共同挖掘新资源、新市场，共同分享新价值、新成果。

在和川商总会唐秘书长的交流中，我得知川商总会现在有好几只基金，但是利益跟川商总会没关系，这就是机制没有建立。商会一定要与会员达成共识，商会是非营利组织，但并不是不能营利，而是可以赚钱，只不过赚了钱不能分红，不能放进自己的腰包。商会要将利润用于组织发展和更好地为会员服务中去。试想，如果商会不营利，坐等嗟来之食，还能为行业代言、为会员争取利益吗？会员怎么会认同商会的价值？政府和社会对商会的尊重从何而来？所以，商会必须赚钱，不能赚钱的商会是没有服务能力的商会，也是价值有限的商会。

运作基金曾经是比较好的模式，但现在遇到很多问题，竞争太激烈。中国现在有100多家基金管理公司已发公募产品，管理规模约12万亿元，钱倒是不缺，缺的是人才。如果是好项目，则僧多粥少，很多基金公司都面临着拿着钱投不出去，无法向投资人交代，或者投出去了，收回时间太长，投资回报率不如预期。再加上目前的管理越来越严格，基金运作对商会来说是玩不起的，商会也没必要做投入大、见效慢、收益低的事，商会这种共建共享机制还处于初级阶段。

我们现在找到了一种更合适的模式，当然不一定适合所有商会，借此机会和大家交流探讨一下：由商会和商会副会长共同成立一个控股集团，该集团只做实体投资，由商会负责运营，主要分享会员的好项目，最好能每年分红，并按一定比例分一部分给商会，以保证商会有足够的运作资金，增强商会的造血能力。

3. 选拔优秀的会长、秘书长

优秀的会长会给会员强大的精神动力，能够坚定企业信心。会长一定要有前瞻意识、举旗意识、责任意识、平衡意识和奉献意识，咱们川商总会的刘永好会长就是这样合格、优秀的会长。有这样的会长，大家就会充满信心、满怀激情，遇到困难和挫折，也会有勇气、有底气、有志气迎接挑战，排除困难，最终大家携手走向胜利。

秘书长对商会的凝聚力也非常重要，但前提是秘书长要准确定位自己的阵地和工作内容。我曾经看到很多秘书长沦为"保姆"，忙得团团转。秘书长应该是一支队伍的"将"，要有激情，有创造力、组织力、游说力和执行力。如《孙子兵法》记载："将者，智、信、仁、勇、严也。"即将要有排兵布阵之能、一诺千金之信、爱人悯物之仁、决断执行之勇和制度严明之法。曾国藩在此基础上增加了廉、明，廉即廉洁，明指赏罚分明、是非不淆。

秘书长其实可以用手头的资源获得很多利益和好处，但是如果秘书长廉洁为公，就能获得尊重、树立威信，同时能够了解企业发展所需的支持，能够及时指点，还能让会员在商会平台发挥才能。如此，方称得上优秀的秘书长，也才能带领商会发展得更好。

步入新时代，企业家要以全新的思维方式去重新定义自己，也要以更开阔的视野去理解环境、整合资源，特别是重新认识商会的价值，积极加入商会，并推动商会做大做强。商会也要不断更新观念，以更开放的姿态拥抱时代，紧跟变化，不断创新，在促进自身发展的同时，助推企业新动能，助力经济转型升级。

第二章

模式筑基

WISDOM

IN RESOURCE

SHARING

一、商会的智慧型成长

（一）实现商会智慧型成长首先要面临的问题

商会的定位是什么？

商会靠什么活下去？

商会如何提供服务？

以前政府对企业是直接服务，接下来要通过商会来服务于企业，增强服务的精准性和公平性。

要实现这种转变，就要实现商会的智慧型成长，就要面临上述几个问题。

1. 商会的定位

商会首先是一个公共组织，不是会长的私产，不是某些小团体的机构。从某种意义来说，商会是民主制度最好的试验田之一，它的公共性、互益性是第一位的。这是商会智慧型成长的必要条件。如果商会的这种性质缺失，智慧型成长就失去了土壤和根基，所以要检视几点：①商会是不是会长一人说了算？如果商会完全成为会长的，秘书处形同虚设，完全听命于会长，这种情形务必改变。②秘书长必须是副会长。如果秘书长不是副会长或常务副会长兼任，对商会的发展战略就没有决策权、话语权，商会的战略执行可能就会出大问题，商会组织就会失去向心力、凝聚力和号召力。

2. 商会如何活下去

如果只靠会费，商会的人会活得非常痛苦，满腔热血沦为灰头土脸。会员指望商会提供更多服务，但服务不是只靠嘴说说就行的，还需要人来整合资源、创造模式、推动执行。21世纪什么最贵？人才。获得、留住人才是需要成本的，仅靠会费，只是杯水车薪，服务怎么上得去？房价那么高，消费那么贵，拿着低工资，人会有动力、有激情、有理想吗？不会，动力会逐渐衰减，激情会慢慢退却，理想会灰飞烟灭，理想成为梦想，梦想最后沦为白日梦。一个组织首先要活下去，而且是有尊严地活着，才能有坚持下去的理由和条件，才能把事情做得越来越好。

3. 商会如何提供有效的服务

什么叫有效的服务？我把"有效"分解为效用、效益和效率，三者兼具，才能称为"有效"。效用是指提供的服务是会员需要的，是充分整合利用商会资源的，既满足了会员需求，又实现了资源的价值。效益是指能为会员成长带来经济价值，为商会生存带来模式价值，为社会思想和文化发展发挥引领价值。效率是指能用最低的成

本、最短的时间，发挥资源最大的价值，满足企业、市场、政府、商会等多方的需求。

简单来说，商会要实现智慧型成长，首先，要有独立性，就像一个人要有智慧，首要条件就是要有独立的人格，能够独立思考、独立判断、独立决策；其次，能够解决生存问题，生存路径多元化，发展模式具有可持续性；最后，能够提供满足会员需求、实现多元化价值的服务。

现在，智慧家居、智慧城市等概念层出不穷，我们现在正在经历着变化。无论从事什么行业，都要开始思考如何进行智能化，或者思考如何实现智慧型成长。商会的智慧型成长要达到的目标是实现信息的有效传递，资源的整合与利用，推动商会会员之间资源的精准有效配置，实现资源共享、信息互通、合作共赢，使商会成为真正的事业共同体。

我曾经写过一篇文章，阐述了商会发展的三个阶段，也就是三个层次：一是体力型。什么叫体力型？就是你兢兢业业，任劳任怨，白加黑，五加二地工作，但没有方向感，你不知道做的是对还是错，甚至不知道商会是做好了还是做坏了。你在努力地工作，但不了解企业的诉求，不了解企业的趋势，不了解环境的变化。你很卖力，做得很累，但是人们对你的评价很糟。二是智力型。智力型的反面就是你的学历很高，智商很高，但你的情商很低，或者说没有太多情商。你会制定很多模式，会设计很多方案，最后因情商低而无法实现。因为你在关注自己，没有关注大家的利益。三是智慧型。什么叫智慧型？就是能对人、组织、社会、人类、宇宙形成正确认识，做出正确判断，形成有效的执行方案，并能高效执行，通过数据化、信息化，实现资源精准匹配，而且能洞察会员的心理、需求。

为什么叫智慧型成长？现在大部分商会成长得很慢，或者基本上没什么成长，就像养不大的猪。做商会，开头很容易，坚持很难，就跟婚姻一样。会员对商会也是爱恨交织，曾希望一直爱下去，但需求总是得不到满足，所以转变为恨，最后就脱离了这个组织。谁的错？其实没谁，就像有时候两口子吵架，是没有对错的。对于商会来说，关键是满足需求。要满足需求，就要了解诉求。商会至少要提供生产要素方面的服务，比如土地、资金、人才、关系等，核心体现在这几点。举个例子，租金越来越贵，如果要在深圳中心区创办一个企业，投资 100 万元，聘 10 个人，租 100 多平方米的办公室，钱几个月就花光了，商会如果能提供更低租金的办公室，就满足了这个企业的需求之一。

我会现在正在创造一种模式，可以给大家介绍一下：我们在某市建设了一个科技城，政府出钱建，按照企业的个性化需求建设厂房，企业只用交押金。比如投资 1 亿元，押金 2000 万元，这样就为企业留下了 8000 万元的流动资金。企业发展起来之后，可以按成本价回购厂房，之前的租金可以抵扣房价。这样优惠的条件，单个企业谈不下来，商会有这样的谈判能力，商会依靠的是强大的资源。企业如果回购，商会能拿 3%～5% 的佣金——一次性服务增值费。再比如政府额定税收 30 万元 / 亩的话，规定超过部分的百分之几作为商会的奖励。企业在那里经营，按照投资规模的大小，免1～2年的租金，最大限度地降低企业成本。

大部分商会的运作模式、运作制度、运作方式都很旧，制度设计、组织设计、服务设计也依然是旧的，但现在社会的很多方面都发生了巨大变化，必须对原来的组织进行重构，对原来的概念、理念进行重新解读，创造新概念和新模式。

（二）商会智慧型成长的模式

1. "无中生有"模式

"无中生有"就是本来没有，跟变魔术似的，变出让人意想不到的东西。要"无中生有"，就要创造新概念。新概念是一面旗帜、一个磁场、一声冲锋号，可以聚集更多新资源。我会创造的"雁群投资模式"，让会员的对外投资变得更高效、成本更低，而且让全国许多地方政府都了解了这种模式，获得了更多机会、更多选择。我会的"麻雀变凤凰模式"，是把一个普通的企业变成上市公司，推动企业在海内外上市，目前已经成功推动20多家企业在海内外上市。

对待机会的方式分3种：等待机会、寻找机会和创造机会。其中，创造机会就是"无中生有"。在这方面，新加坡的经验可以带来很多启示。新加坡地小人少、资源贫乏，原来既没有资源优势，又没有市场优势，因此激发了新加坡人不断创新和"无中生有"的热情，最让人称道的就是闻名于世的新加坡裕廊工业区。虽然新加坡本土根本没有石油资源，却在距市区约 10 公里的西南部海滨地带，建了一个世界石油化工巨头集中的工业区，埃索、英荷壳牌、巴斯夫、杜邦、埃克森美孚、三井化学等云集于此。新加坡因此成为全球三大炼油中心之一。

2. 质变量变模式

过去，人们常常用从量变到质变，形容当事物积累到一定程度，就会引起质的变化。比如某市场的用户渗透率突破 20% 之后，就会在目标市场形成突出的用户认知定位，从而快速占领市场，从配角变成主角。现在，从另一个角度来形容互联网的发展趋势，特别是商会的智慧型成长，却要用从质变到量变来类比。质变是指为会员提供的价值，量变是会员数量或资源获得量。商会要实现从质变到量变，应该专注于为会员提供价值，形成口碑，进而通过口碑带来会员，带来社会关注度的增长，为发展提供丰富的资源和素材。

要想为会员提供高价值的服务，商会就要明确自己的定位、目标，找准优势，避免同质化。这和每个人在公司的发展一样，只有不可替代，才能保证职业发展的稳定性和可持续性。如果没有差异性和不可替代性，会员随时可能会转投其他商会。

广东高科技产业商会的不可替代性在于资源配置，它也是我会做得最成功的一个方面。资源配置的基础是会员的相互了解和资源的相互渗透。"互为顾问、互为董事、互为股东工程"在我会蔚然成风。

现在我会有 500 多个企业相互参股，你中有我，我中有你，形成了网状的利益群体。随着下一代的成长，我们正在推动我会企业家成为亲家，形成姻亲关系，使利益共同体向情感共同体更进一步。我曾经为 50 多对新人证婚，会员企业家的事业、家庭等方面的未来发展都与商会产生了紧密联系。

渗透的结果是产生了合作，合作的成果为商会的品牌和口碑打下了坚实的基础，高质量、高价值的服务自然会吸引更多企业加入商会。口碑是商会最好的通行证，几乎可以和上市公司的价值相提并论。上市公司获得银行贷款更容易，就是因为它的规范性、成长性更有保障。商会也是如此，商会的质量得到会员认可、政府认可和社会背书，企业加入商会就会更踏实，政府和商会合作也会更放心，机会自然能不断出现。

3. 融合发展模式

商会要实现智慧型成长，必须构建商会大生态系统。无论是个人发展、产业发展，还是城市发展，历史经验都告诉我们，多样、多元的融合发展更有可能成功。

目前，商会的现状是各自为政，相互之间的交流少，合作更少。虽然会员有交叉、信息偶尔互通，但仍然是一座座"孤岛"，没有连成线，更没有形成面。这种局面对商会的智慧型成长造成了极大的制约，也大大限制了商会发挥更大的价值。

商会需要更多互动、交流和合作，以实现人才交流、聚集，信息透明，资源互助，产生强大的"聚集经济"。人才聚集与业态交流，将极大地推动商会大生态体系的建设，并让这个大生态体系充满活力与生机。

比如高科技公司需要银行及其他资本的支持，而银行需要找到优质的企业客户，实现金融推动实业发展的使命，高科技商会与金融行业协会、创投协会、银行业协会的联动，就能促进更多问题的解决，满足大家共同发展的诉求。

4. 由点到面模式

一个商会不能只关注自己的会员，还要做"延长线"，这样才能看清事物，找到更多解决问题的思路和方法。和做数学题一样，要解决问题，需要画辅助线。从一件事（一个点）延长到与其相关的许多事（形成线），进而扩展到与其相关的面。我会在德国、阿联酋、越南、澳大利亚、美国、印尼等6个国家建立了办事处，整合国外的资源；接下来会在国内继续成立办事处，整合国内的众多资源。我基本上每年出国5～10次，发现有很多机会，比如今年在印尼，就看到了很多机会。

商会要实现智慧型成长，需要找到适合自己的发展模式。我认为，商会未来有4种类型：经营型、效益型、特色型、品牌型。

任何组织都需要经营，人生、婚姻、关系也需要经营。经营包括设计思维、商业思想和匠人精神。商会一是要经营关系，包括会员关系，政府关系，商会自身发展与会员利益之间的关系，利己与利他

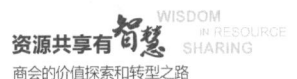

的关系；二是要经营财务，在惠福会员、惠泽社会的同时，应理直气壮、理所当然地通过自己的智慧、劳动获得利益。

讲究效益为的是赚钱。商会要赚钱，能赚钱的商会才是成功的。效益高，也是对商会工作人员高智商、高情商工作的肯定。国外不少华人商会的影响力以实力为基础，实力雄厚，说话就有底气，做事就不局促，才能把事做得更好。所以我们做活动、做项目，要严格测算、详细规划，这既是对自己的尊重，也是对社会资源的尊重。不带来效益，不创造财富和价值的活动，都是对社会资源的浪费。

社会飞速发展，智慧型成长的关键是我们的观念要应时而变。曾经，劳动和报酬成正比；现在，人的价值、报酬不只和劳动成正比，还和劳动的不可替代性成正比。所谓不可替代性，就是差异化，就是特色。同质化的产品，同质化的人和组织，没有让人记住的特点，没有吸引人的气质，没有留下人的魅力，最后"泯然众人矣"。

注重经营、效益高、有特色的商会必定会形成品牌，比如品牌人物、品牌活动、品牌项目、品牌模式。商会有了品牌，就有了灵魂，也才能促进商会的智慧型成长。

智慧型商会需要5类人：会说的、会写的、会做的、会赚钱的、会想的。这5类人在一起，能构成用思想引领人、用情感激励人、用文字感染人、用效益团结人、用服务感动人的智慧型团队。

总的来说，要实现商会的智慧型成长，就要充分理解时代、行业的发展趋势，构建一个智慧型团队，走出新的发展模式和发展道路。

二、商会生存发展的五大模式 [1]

置身于风云变幻的商业社会，特别是在传统商业模式受到挑战，被日新月异的技术颠覆的今天，好的模式就像金手指，能够"点石成金"。设计好模式，也是考验企业或组织的眼光、见识和智慧的试金石。可以说，找到好模式，就如同娶了个好媳妇，从此走上了幸福生活的康庄大道。

媳妇的类型千差万别，模式也同样如此，什么样的模式才可以称为好模式呢？适合的就是最好的。有句玩笑话——媳妇总是别人的好，这是人的贪婪、欲望造成的。别人的媳妇只是看起来很美，真正成了自己的媳妇，不一定就合适。就像商业模式，在别人那里风生水起、红红火火，别以为自己也能走同样的路。现在较火的商业模式是做平台，因为大家看到了阿里巴巴的成功，都想娶个这样的"媳妇"，娶回家才发现，哪儿都不合适，不舒服，最后骑虎难下。就像一件时髦、漂亮的衣服，穿在模特身上是风情万种、引领潮流，但穿在某些人身上，却一言难尽。身材、气质、发型、肤色等因素，决定了一件衣服是否适合自己。一味追逐潮流，可能会让自己成为笑话。

我说的模式，是指商业模式。再拿娶媳妇来打比方，模式即指综合评价，包括颜值、气质、文化修养、性格等。以前看媳妇的标准

---

① 本文是作者 2016 年在社会组织总会的演讲摘要。

比较单一，或是长得好看，或是有份好工作，或是性情贤淑。十几年前，我在《深圳特区报》做专栏作家，当时民营企业刚刚萌芽，各种经营管理的学习方兴未艾，管理理论、管理方法和管理工具百家争鸣，行为管理、科学管理、文化管理、决策管理等层出不穷。当时大家都相信，管理出效率，管理定效益。很多人问我，企业到底应该用什么样的管理模式？是不是将某种模式套入企业，就能使企业的管理质量、效益得到巨大提高？

我的回答是，不能一概而论，因为企业在不同发展阶段，规模不同，管理目标、管理对象不同，管理手段、管理工具也要随之改变。有时候，老板的性格都会影响管理模式。我当时在《深圳特区报》发表了文章《管理无模式》，说明没有一种放之四海而皆准的管理模式，没有一种药可以包治百病，每个企业都有不同的特点，每个组织都有不同的使命，教条地套用某种模式，最后只会成为教育别人的反面教材。对企业来说，找到好模式很重要。对社会组织来说，发展需要进行模式设计。希望大家注意到：社会组织的发展比商业行为更需要宏观思维和顶层设计。一个组织能否持续健康稳步发展，与是否有模式设计的意识和理念有很大关系。

（一）社会组织的运营模式

1. 平台模式

正如前面我所说的，因为马云建立的阿里巴巴获得了成功，创造了企业发展的奇迹，所以众人皆效仿，结果却哀鸿遍野。从表面上看，阿里巴巴是做信息经济的，实质上是工业经济。工业经济的特点之一是成规模。阿里巴巴因为抢占先机，具备了规模，占领了市场和消费者心理，后来者再来"复制"，成功的概率很小，但花费的成本和代价是巨大的，唯有另辟蹊径，方能杀出一条生路，闯出一片天地。

商会的基本模式也是平台模式。几乎所有的商会都是一个平台，可以用来交流信息、沟通情感、展示产品、对接政府、产业合作。但如果只停留在这种平台模式，那么商会的价值就处于价值链的最底层。平台价值之上还有方案价值、模式价值和引领价值，要实现这三种价值，就需要对商会等社会组织的模式进行创新设计。在平台模式下，商会的收入来源于会费和赞助。

2. 增值模式

一个人或一个组织所拥有的资源，如果仅放在自己的平台上，就只能实现平均价值。但如果将其同时分享到另外一个平台，就能产生增值价值或额外利润。打个比方，拿我会的"雁群投资模式"来说，我们引领大家抱团，建立工业园，就是将每个企业的资源整合起来，

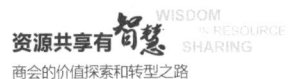
形成集群效应。一个企业的资源和能力是有限的，"单枪匹马"去和政府谈判，一定拿不到便宜的土地。换成一个科技产业集群，就能进行集团化运作，统筹安排，在效率和效益方面都会有增值。也正是因为集团化运作，才能拿到更便宜的土地，获得更优惠的政策。就土地增值来说，给企业带来了极大的利润空间。

2007年，广东高科技产业商会建立了中国商会第一只科技投资基金，在帮助企业获得制造业利润的同时，通过金融投资服务，帮助他们获得资本增值。当时很多企业家在个人财富和企业资本上已经有了一定的积累，即便将这些钱进行再投资，所获得的利润也是制造业的利润，帮助他们将视野投向更广阔的金融领域和资本市场，实现资本增值和知识增值，是我们考虑的核心。正是基于我会长期以来积累的口碑、塑造的形象、体现的能力，得到了大家的信任，这只科技创投基金才顺利成立。随后，我会又成立了5只创投基金，未来还将成立兼并收购基金等，创造更完善、更有效的增值模式。这种模式为商会带来的是增值服务收入。

3. 分享模式

分享机会、分享资源、分享成果，这是分享模式的核心。商会如何构建分享模式？对于商会会员，我们推动"互为顾问、互为董事、互为股东工程"，让会员形成紧密的信息共同体、资源共同体、信用共同体和利益共同体。另外一种分享模式是商会为会员提供投资、上市等服务，分享会员的股权，商会与会员共担风险、共享成果，商会获得一定的股权收益，同时能增强与会员的深度交流，为企业提供深度服务。

4. 复合模式

将组织内和组织外的资源进行系统整合、统筹配置、综合利用，这是难度最大的一种模式，广东高科技产业商会金融俱乐部就是这种模式。我会之前为会员提供投资、资本、金融等增值服务，都是单一化的，就某个领域而进行的；我会的金融俱乐部整合了金融、投资产业链上的所有资源，为企业提供上市、发债、并购、增发、融资融券、市值管理、高端理财等服务，将体系内和体系外的所有资源全部聚集在一起，为会员服务。它和共享经济有异曲同工之妙。除了共享理念之外，复合模式需要强大的资源整合能力。

5. 个性化模式

这是一个追求"个性"的时代。要顺应时代潮流，为企业提供更精准的服务。为企业提供定制服务，就是要创造个性化模式。商会的优势是见多识广、阅人无数，这是一般做企业的难以企及的。正因为如此，针对企业的行业趋势、企业特点及发展战略，商会应成为帮助企业定方向、谋战略、汇资源、出方案的"军师"，以及策划者、设计师。能为企业找到合适的模式，帮助成功配对的商会是比较少的，未来只能提供公共服务的商会将走向衰亡；而能够提供个性化服务，并创造个性化模式的商会将强势崛起。

据了解，社会组织，特别是商会，现在绝大部分还停留在平台模式阶段，有增值模式、分享模式的还属凤毛麟角，有复合模式与个性化模式的更少。但令人欣喜的是，随着社会组织的价值逐渐被认可，以及社会组织发展内在动力的逐渐增强，人们对商会运营模式的认知在进一步提升，这将极大地推动商会的发展。

为了设计出好的、适合自己的运营模式，首先是要认识我们所处的时代和自身的条件。一方面，现在正处于发展的黄金时代，国家鼓励社会组织的发展，商会民间化、市场化、国际化的发展趋势日益明晰，创新成为商会发展的核心要素，所以转变商会的模式设计也日益迫切。另一方面，要清楚认识商会的团队能力、资源条件等。要对会长和秘书长的能力、品德、素养、口碑和社会影响力进行盘点，因为他们是执行的核心，如果执行核心不给力，再好的模式设计也只能是海市蜃楼、镜花水月。其次是要根据所拥有的资源和对资源的掌控力来进行模式设计。举个例子来解释一下：一个普通人想娶一个很火的明星，基本上只能是个美梦，为什么呢？他认识明星的渠道是封闭的，几乎没有机会。即便他能抱得美人归，结局往往也不太美好。商会设计模式也是同理，有多少家底，就做多大的"饼"；有多少积淀，就做多大的事。模式要和资源相匹配，不要好高骛远，做人、做事、做商会都要脚踏实地。就如前文所说，人人都羡慕马云，人人都来做平台，结果只是看起来很美。不合适的鞋，穿了会难以行走。

（二）如何评价一种模式好不好

好模式至少要满足几个条件：①客户满意。对商会来说，就是会员是否满意。就像找对象，不仅要女朋友满意，还要丈母娘满意，如果丈母娘不满意，肯定没好日子过。②自己要满意。我会办的很多活动，都是只赚吆喝不赚钱。很多人问我，既然不赚钱，你到底图什么？不赚钱，你能坚持下去吗？在别人看来，我们连续举办了7届孔子文化节是件傻事，尽往里面投钱。我们一共投了4000万元，未来还将继续投入。我为商会办这样的活动、创造这样的模式而感到非常满意，首先会员很满意，其次这是履践商会使命和一个有情怀的知识分子的责任，其意义并不是用能否赚钱来衡量的，其价值也远非金钱所能比拟。③把控风险。商会金融俱乐部是非常好的模式，其中卧虎藏龙、人才济济，各个都身怀绝技、不甘人后，如何让他们各安其位，这是关系到模式能否顺利进行的关键。④创造经济价值和社会价值。能够实现"双效"的，才是真正的好模式。我们的工业园模式，不仅推动企业的向外发展、降低成本、提升效益，对于当地政府来说，还增加税收、解决就业、提升生产总值、带动相关产业的发展，实现了经济价值和社会价值的协同提升，不失为一种好模式。

前面所讲的运营模式实际上包括两个方面：服务模式和收益模式。服务模式是对企业而言的，收益模式是对商会而言的。在设计模式时，要处理好服务和收益之间的关系，既服务好会员，让会员得到切实满意的收益，又实现商会的可持续发展，即双方共赢。

为了实现共赢，有两种模式设计思路：内源性模式与外源性模式。

利用会员内部的资源，秘书处的知识、智力等资源，进行模式设计，我称为自力更生式。拿企业运作来说，就是研发、生产、销售、售后全部自己完成。这是一种产业链很长，耗时耗力的运作模式，也是非常传统的一种模式，称为直接服务。

另外一种则是借助会员之间及商会之外的各种资源来开展活动，属于间接服务，我称为借船出海。在这种模式下，商会掌握研发这一核心要素，生产、销售、售后等其他环节全部借助会员之间的互助和商会之外的战略合作。只要牢牢掌握住商会的核心竞争力，各种资源、信息就会源源不断地向商会靠拢，商会自然就能进行各种外源性模式的设计和运作。

就像奔驰进军餐饮，打上奔驰 logo（商标）的拉面都价值不菲。在奔驰体验店里吃一碗打着奔驰 logo 的拉面，这样的画面尽管非常有喜感，但不容否认的是，跨界、融合已经渗透到我们生活的许多方面。外源性模式的内核正是跨界、融合。但我们必须找到自己去融合别人或被别人融合的关键点，即优势或特色；没有优势或特色，就失去了立身之根。

商会的收益模式根据内源性和外源性的不同，分为向内与向外两种。内伸性模式就是会费、赞助、政府购买服务等，外伸性模式带来的是增值服务收入、股权收益、专业服务收入等，这与前文的 5 种模式是可以一一对应的。

我所设想的理想的商会运营模式是以公益情怀、企业化的运作，构建一个科技、金融、文化、生态一体的大平台，在这个大平台上，创造出科技、资本、文化、生态融合发展的模式，为中国经济腾飞和社会转型汇智聚力。愿每个社会组织都能找到好模式，让社会组织这个"大家庭"红红火火、和睦美满，并将美好和力量传递到全社会。

精彩问答

主持人　谢谢王会长充满激情、无比精彩的演讲！王会长有 17 年的社会组织工作实践经验，更难得的是，在繁忙的工作之余，他勤于思考，勤于总结，将自己对社会组织的发展理念和工作心得，结集成书，"美丽的手"已经成为社会组织从业者标志性的口号，《优秀的秘书长是个完人》等众多爆款文章风靡朋友圈。今天王会长仅从商会运营模式这一侧面为大家提点思路，时间有限，机会难得，大家可以在下面的时间就自己的思考和困惑，与王会长进行交流。

现场提问 1　王会长，您好！您的演讲给了我非常大的启示。对于您讲的模式要适合自己，我也非常认同。但是，对于您举的例子，比如穿衣服，我有不同的观点。有人说胖人就不能穿旗袍，但我觉得胖人穿旗袍，也是别有风韵的，只要她喜欢，她感到快乐就可以了，不是吗？

王理宗 我对你这个观点有不同角度的看法。从服务者的角度来说，服务是双向的。如果你就喜欢光着膀子，自己很开心，这是可以的。但是跟你一起的人，就不一定开心了。虽然社会价值观和审美观都在变得更加开放、多元，但我认为基本的标准还是应该有的。我举买家秀和卖家秀的例子也许不贴切，主要想表达的是，作为提供服务的商会来说，我们不能只自己觉得好，大家都好才是真的好。你觉得呢？

您在《美丽的手》里说，能否成为优秀的秘书长，先天因素是主要的。而我在先天能力上并不突出，我能通过后天的努力，成为优秀的秘书长吗？ **现场提问 2**

王理宗 你提了一个非常好的问题。先天和后天因素到底在成功中发挥着怎样的作用呢？如果万事天注定，那我们为什么还要努力？这是宿命论。如果后天努力都能有成效，为什么成功者却寥寥？这是悲观者的论调。这两种观点，我都不认同。

当今社会很多人都想做老板，都想做好老板，但是真正成功的总是少数。应该说，做任何事都受先天和后天因素的影响。爱迪生说："天才就是 1% 的灵感加上 99% 的汗水。"实际上，除了天赋以外，还需要热爱和努力。在这里，我要强调热爱，任何阻力都挡不住热爱。就算你没有当秘书长的天分，没有很强的人际敏感性，没有让人倾倒的口才，但是只要你热爱商会工作，热爱秘书长这个岗位，那么，也许你不会很突出，但你的人生一定会很精彩，一定不会有遗憾。送你一句胡适先生的话："怕什么真理无穷，进一寸有一寸的欢喜。"不要怕做不成大事，只要一直走在做大事的路上。

现场提问 3

我是深圳艺术行业协会的。深圳艺术行业协会已经有 30 多年的历史，我担任秘书长 1 年多了。深圳艺术产业应该是领跑全国的，所以我感觉责任和压力特别大。我想请教王会长，做一个合格的秘书长，需要哪些能力，怎样去提升自己？

王理宗

简单地说，秘书长的能力分三种：第一是基础能力，第二是关键能力，第三是核心能力。基础能力就是沟通能力，沟通能力包括口头表达和文字表达能力。做秘书长，需要一定的口才和文才。关键能力就是管理团队、组织团队的能力。核心能力是运营项目、设计模

式、制定战略的能力，这是最高层次的能力。至于能力如何提升，不要急，因为它是一场长期的艰苦卓绝的"攻坚战"。如果你将秘书长作为终身职业，只要时间到了，努力够了，能力自然就提升了。1 万小时定律，在秘书长能力提升方面同样适用。

现场提问 4

王会长是我的导师，也是我的偶像。听王会长的演讲超过 8 次，每一次都有收获。据我所知，您所领导的广东高科技产业商会是深圳最有活力的行业协会。对于商会来说，资金一直是发展中的一大瓶颈。所以我想请教王会长，商会应该怎么创收？

王理宗

每个组织都有自己的生存之道。在商会中，异地商会的人比较幸福，大部分是不缺钱的，为什么？它主要是以地缘、血缘为基础的组织，大家都是冲着家乡情来的。但是行业协会是冲着利来的，出钱的出发点不同，决定了积极性的不同。当了一个家乡会的会长，回去后许多领导都会请吃饭，光宗耀祖、衣锦还乡。但是行业协会的会长回家乡，就享受不了这种待遇。一般的商会要创收，可以从我讲的 5 种模式中找答案，特别是在增值模式、分享模式、个性化模式方面做文章。

现场提问 5

　　我是深圳市时装设计师协会的，今天非常开心听到王会长的演讲。深圳市时装设计师协会有两万多名会员，队伍是非常庞大的。现在的服装行业在转型，成规模的服装企业要养100多个设计师。现在，这部分人中很多从企业出来，自己创办服装企业，我们协会的重要性就越发突显。深圳有两万多名服装设计师，从国外回来的设计师，也有很多在深圳发展。中国服装看深圳，深圳女装看福田。如何能为设计师提供更好的发展平台，在国内外展示和推广设计师的作品？如何推动深圳的服装企业转型和服装产业继续领先？在这些方面，王会长能否为协会的创新发展模式提供建议？

王理宗

　　至少有3种思路。一是订单服务模式。收集企业需求，调动设计师资源来设计，既解决企业问题，又帮助设计师找到客户。对协会来说，可以收取平台服务费，这就是一种共赢的模式。二是包装设计师。协会作为设计师的经纪人，打造服装设计行业的明星。这是一种完全创新的设计，既打造了明星设计师，也能创造协会品牌。本来一个籍籍无名的设计师，一件作品只卖500块钱。经过包装之后，一件作品就可能达到5000块钱。协会可以从中收取一定的服务费。三是将服装分类，让风格明晰，集中展示，进行对接。

这些都是建立在互联网基础上的，可以进行企业化运作。商会可以协助找投资者，找专业平台建立公司合作机制，加上设计师协会优秀的人才资源，这件事具有非常广阔的想象空间。

三、成为引领者是商会的最高目标 [1]

现在政府在转型、企业在升级，整个社会都在转型升级，商会在转型升级中应当扮演什么样的角色？

我认为必须扮演好四大角色：服务者、整合者、创造者和引领者。

（一）商会是服务者

我们必须弄清楚几个问题：商会是为谁服务？用什么服务？怎么服务？也就是说要弄清楚服务对象、服务产品和服务手段，才有可能做好服务者。商会服务的对象是企业家、企业，所以要制定满足企业家诉求的有效产品。广东高科技产业商会在不同的发展阶段，面对不

---

① 本文是作者 2016 年在广东省星级商会协会秘书长培训班的演讲摘要。

同的服务对象，创造了不同的服务产品和服务形式。在创会初期，主要提供的是最简单的服务——平台服务，为大家提供一个交流的平台。通过这个平台，大家可以进行信息交流、经验交流、项目交流等。平台可以很大，但价值比较单一，主要是平台价值，难以满足企业家结构性的需求。为此，我们先后制定了十几个服务体系，如信息服务、专家服务、投资服务、市场服务、资本服务、文化服务、战略服务、品牌服务等。

如何用有限的人力资源做无限的服务，是商会团队普遍面临的问题。如果团队只有 5 个人，不通过服务手段的创新，完全无法有效地开展服务。有的商会常常把自己的角色定为"保姆"，并以此来说明自己尽心尽责、任劳任怨。这种定位非常可怕，现在的企业家不需要保姆，因为保姆服务没有技术含量，没有附加值。这也是我一直呼吁全社会，特别是媒体，不要只用"桥梁""纽带"来定位商会的原因。"桥梁""纽带"没有能动性，没有创造力，不能创造附加值。商会需要的是专业的，有能力、有思想、有激情的人，怎么能和简单的"桥梁""纽带"等同呢？这就好比有些家长会责备孩子没出息，说他是笨蛋，虽然家长并无伤害孩子的意思，却在无意中给了孩子很强的心理暗示，会严重挫败他的自信心，久而久之，可能就真的变成了笨蛋。

要用有限的人力资源实现无限的服务，服务方式创新的重要性就突显了。靠几个人根本无法提供让企业家满意的服务，怎么办？为此，我们创造了间接服务模式，也就是倡导会员与会员之间互相

服务，来达到我们服务会员的目的，我们称为"手牵手"或"1＋1"的服务模式。通过会员与会员之间的广泛连接、融合，能够使商会的平台不断延展，达到服务的目标。所以，我们引导会员以间接服务为主、直接服务为辅。但间接服务必须建立在会员相互信任、相互支持的基础上，这就需要商会有较强的凝聚力和号召力。我很高兴地告诉大家，我会已成立了6只基金，股东达到120多人，而且在会员之间形成了"互为顾问、互为董事、互为股东"的网状结构，300多人结成了立体、结构式的股权关系，我会实现了由简单的信息统一体、信用统一体，向资源统一体、利益统一体的过渡。

要做到间接服务，就要有能力设计公共产品，把一群人或一部分人整合起来，形成股权关系，并尽快让大家得到收益。比如我们通过推动会员在海内外上市，让几百个会员成为上市公司的股东，大家分享了上市的成果，这是非常好的间接服务模式。做好间接服务的前提是，每个人都以开放的心态贡献自己的资源、信息、资本，只有这样，才能实现共赢。比如，大家共同推动一个会员上市，如果赔了，这家公司要兜底。但实际上，我们可以做到不赔，为什么？第一，我们对企业很了解，大家对我们有信心，也就会对企业有信心；第二，在信任的基础上，我们有约定，拿住股票不抛，股价就一定不会下去。

通过这样的运作方式，也就是间接服务的方式，我们成了坚实的共同体，既是情感上的，也是利益上的。我经常和会员开玩笑说，你们要抛开我是不太可能的事情，我们已经黏上了。我负责募资、分配和解决纠纷，他们有任何问题，都可以来找我解决。

（二）商会是整合者

整合者的价值就在于对人才、资源、市场、资本等的整合和有效配置。整合者应该是不在乎是否为你所有，而在乎是否为你所用。市场上资金很多，人才很多，信息很多，发展商会所需的要素资源很多，问题是能不能进行有效整合和有效运用。整合者主要解决两大问题：整合什么资源？如何整合？

商会要提供服务，需要生产服务产品；而要有产品，必须先有原材料。俗话说"巧妇难为无米之炊"，原材料就是我们要整合的资源。概括来说，要整合的资源主要有以下几类：

1. 企业家资源

很多行业协会仅仅发展行业内的会员，这是思维方式上的误区。认为行业协会只整合行业内的企业家资源，主要是为了收取会费，这种思维会将商会的发展局限在一个很窄的领域之内。现在，行业间的界限已经越来越模糊，行业的融合性在不断加强。从盈利角度来看，最赚钱的是什么类型的公司？就是既像文化企业又像科技企业的公司。比如腾讯，它有明显的科技特色——利用互联网技术、大数据技术、云端技术等，但这些仅仅是手段和载体，它真正要做的是文化，腾讯本质上是一家文化公司。这就是科技与文化的融合，科技与文化的"杂交"。

"杂交"不仅是未来的趋势，也是人类能够不断进化、发展的原

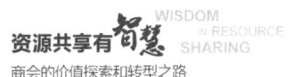

因。民间认为，南方人和南方人结婚生的孩子，不如南方人跟北方人结婚生的孩子优秀，就是这个道理。所以，商会可以以本行业的会员作为收费的对象，但一定不要忘记整合其他行业的资源，因为有跨界合作的机会。我会近几年非常重要的工作，就是推动会员与会员、会员与非会员之间的合作。如果商会不主动去推动企业间的合作，说明这个组织是有问题的。无论是智力合作、项目合作、技术合作，还是股权合作，必须进行一种合作。只有合作，才能创造更大的价值。我想强调的是，商会不能只关注能否成为会员的企业，还应该关注一切可能与你的会员达成合作的企业。

2. 金融资源

企业的运作模式有 3 种，这 3 种运作模式与 3 种思维方式有关。①低端模式。它是制造业的一般模式，采购、研发、生产、销售、服务全靠自己。采取这种模式的企业非常辛苦，而且需要的劳动力非常多，但效率并不高。制造业的模式属于劳动力密集型。②地产模式。地产模式属于关系密集和资金密集型，采用委托的方式，只要买了地，就可以委托别人设计，委托别人建造，委托别人销售，相当简单。③金融模式。金融模式就是杠杆模式——"给我一个支点，我可以撬起整个地球"。金融模式需要整合资源，将资源变成生产力。金融资源能给企业发展源源不断地注入"血液"，是所有企业不可或缺的资源。所以商会要和银行、证券公司及其他金融机构结成战略伙伴关系，为企业获得相对廉价、多样的金融产品和金融信息，并通过整合金融资源，为企业创造更多的价值。在间接融资成本居高不下的环境下，商会要大力推动企业实现直接融资，如推动企业在国内外上市、发行债券等。

3. 媒体资源

"成也萧何，败也萧何。"媒体作为企业宣传的手段，对提升产品知名度、企业美誉度起到了积极的推动作用，对树立企业形象、打造企业品牌来说不可或缺；但如果对媒体关系处理不当，企业发展也将受到伤害。商会要积极整合媒体资源，并善用媒体，与媒体合作，共同推动先进理念、先进技术的传播，打造知名企业，通过品牌的辐射力、渗透力，引领更多企业的良性发展。作为商会负责人，多年来，我与从中央到地方的各大媒体都保持良好的互动，通过表达对经济、社会、民生问题的观点和见解，加强与媒体的沟通和联系，既扩大了商会的影响力，也为会员争取到了更多资源。现在，企业要充分发挥自媒体的价值。

有了资源，如何配置资源？这就涉及商会公信力的建设。会员如何对商会产生信任？

第一是道德信任。我们募集一号基金的时候，大家根本不知道基金是何物。我发短信出去，结果立刻就有 20 多人回复，不到一个星期，就募了 2 亿元左右。那是在 2007 年，召开成立大会时，很多人都不知道基金到底怎么运作，给了钱到底要干啥。这就是大家对商会的道德信任，他们知道商会一定是出于为大家谋取利益的初衷，绝不会中饱私囊。

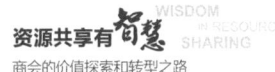
第二是能力信任，核心在于会员对商会前瞻性能力和工作人员素质的判断。这对商会来说，既是极大的动力，也是极大的压力。失败一次，可以原谅；第二次失败，还可以原谅；第三次失败，就没戏了。所以在做项目决策之前，一定要进行全盘考量和系统设计，绝不能靠拍拍脑袋就决定；否则，一旦透支了大家的信任，就很难再建立起来。

如何保证不失败？要有前瞻性视野、专业化团队、高效的运作能力。这些都需要通过不断的学习来提高。对我来说，尽管每天的工作和应酬安排得很满，但每天至少要拿出一个小时来看书。早上要看新闻，到了办公室要看英文报纸，晚上看管理学、心理学、社会学、哲学书籍等。只有学习，才能有所启发，才能给创新提供知识和思想资源。我们的秘书处，每周半天时间集中学习，而且每年派工作人员到国外进行为期3个月的学习。我5年前重新开始学英语，通过看英文报、听新闻自学。大学毕业20多年，在学校学的东西，已全部还给老师。我现在骄傲地告诉大家，我在国外可以用英语演讲，而且是脱稿演讲。

要想活得稍微好一点，就要不断地学习。我们没有背景，所以首先要培养如野生动物般强悍的生存能力，并在艰苦的环境中自强不息、自我奋斗。如果我们像家养动物一样，不思进取、贪图安乐，则必死无疑。此外，我们必须整合政府资源、院校资源，以及其他与企业发展相关的资源。资源越丰富，创造力和服务能力就越强。

（三）商会是创造者

我们在服务中创造，在创造中提供服务。我认为，商会有 4 种价值：平台价值、方案价值、模式价值和引领价值。经过多年的发展，我们创造了服务于经济的 8 种模式，包括"智慧工程模式""信用互助模式""雁群投资模式""麻雀变凤凰模式""互为顾问、互为董事、互为股东工程""新丝绸之路模式""技术联盟模式""科技金融产业三融合模式"；还创造了服务于社会的 4 种模式，包括"会员合议庭模式""军转干部民企就业模式""公益文化模式""公共外交模式"。这些模式是通过反复实践总结而来的，并被再运用到实践中。

我们推动企业上市，叫"麻雀变凤凰模式"。变成了凤凰，就值钱了。但是怎么蜕变？就靠"智慧工程模式"了。我们的洞察力和创造力来自学习。我们到世界名校去读书，到美国的加州大学、英国的牛津大学等学府，感受知识的魅力，打开看世界的"窗户"，也许并不完全懂得所学的知识，但必须站到这个高度。也许不能成就伟大的事业，但一定要站在大人物的高度想问题，没有做大事的胸襟和做大事的视野，怎么可能做成大事？想都不敢想，怎么可能做到呢？我们还有基金的运作模式，我估计在全国的商会中，真正能做引导基金的不多；有不少做担保公司的，还有做小额贷款的，但科技含量太低。

商会要学会从创造新服务到创造新价值，创造新的产品、模式、方案等；最高层次是创造新的文化，创造独有的文化，形成独特的文化符号和文化标签。比如美国式自由、浪漫、民主是通过好莱坞电影

等传遍世界的。商会也要创造积极向上的群体文化，并通过品牌人物、经典活动进行传播和渗透。

（四）商会是引领者

广东高科技产业商会的工作思路是真情感动、满足诉求、战略引领。战略引领是最高层次的服务。怎么引领？

第一是价值观的引领，即引导企业树立正确的财富观、发展观、环境观。做企业，不能仅仅站在股东利益的角度，还要兼顾利益相关者。这些虽然是很普通的道理，但需要我们立足于大格局，对企业进行引导。

第二是战略引领，也就是对企业发展方向和发展路径的引领。选择比努力重要，一旦方向错了，就会离目标越来越远。我最近在很多场合都宣导一个理念，就是经营企业必须在专业化经营的前提下进行多元化投资。为什么？因为科技在进步、环境在变化、行业在消失、竞争在加剧，不少曾经进入世界五百强榜单的企业轰然倒塌。企业一定要"吃着碗里的，想着锅里的，看着田里的"，这样才能感受变化并适应变化。能给会员全球视野，让他们时刻能洞悉行业趋势，适时调整自己的前进步伐，会给会员非常大的安全感。

在目前产业转型升级的风向标下，制造业转型艰难，商会要引领会员。自己不行，就跟人家合作，对会员进行思维上的引领、项目上的引领、投资上的引领，甚至一些习惯上的引领，这才是商会应该做的事。对企业家来说，谈吃什么、喝什么，说怎么养生、怎么长寿，这些都不是他们的兴趣点和核心需求，他们关心的是自己的企业到底该往哪个方向走，你能不能提供有价值的建议，并提供他们所需要的生产要素。所以开阔的视野、宽广的格局、博大的胸襟，是商会工作者必须不断学习、修炼的。

四、如何实现商会的价值[①]

（一）商会的价值

近几年来，随着中国经济的迅猛发展，商会的数量越来越多。我所知道的，广东省现在有两万多家商会。除了数量增加迅猛之外，商会在各项社会事务中所体现出的独特价值也越来越为各界所关注。研究商会，我们可以发现它的价值不是只有简单的经济价值，还有巨大的政治价值、社会价值、文化价值，它是综合、多元的价值体。所以现在除了统战部门对商会高度重视之外，文化界等社会各界都对商会

① 本文是作者在省委统战部的演讲摘要。

极有兴趣。其实商会就像一本书，正如一千个人眼中就有一千个哈姆雷特一样，当我们从不同的角度去读它的时候，其内涵和外延是不一样的。

基于我在商会工作十几年的经验，我觉得商会这本书的内涵越来越丰富，魅力越来越大。

1. 政治价值

商会首先是在西方社会发展起来的。在中国，严格来说，大概是在 100 年前，才有真正的商会概念。但是我们再往前看，中国在几百年前已经出现了商帮。商帮和商会有很大区别。

商帮以乡土亲缘为纽带，由老大说了算，而现在的商会实行的是民主制度。中国古代很多商帮影响非常大，比如说粤商、徽商、晋商……

改革开放以来，中国的商会发展迅猛。通过商会凝聚人心、汇集智慧、扩大力量，对统战工作的意义越来越大。

商会通常是商界精英云集，比如马云是浙商总会首届会长，刘永好是川商总会的会长。可以说，成功的企业家，一般都是某个商会的会长或者副会长，无一例外。这样一批商场上的风云人物的影响力、号召力、传播力是非常强的。对于统战部门来说，把握住了这些人，那么开展统战工作，可以说是事半功倍。

商会涉及的对象特别广，对统战工作有巨大的促进作用。比如前文提到的企业家，他们本身是非公人士；在他们的企业中，很多是民主党派、海外人士，这些都是统战的对象。

商会涉及的面特别广，因为商人接触的对象很多，包括政界、商界、学界等。从这种意义上说，商会是搞好统战工作的重要抓手。

2. 社会价值

商会在化解社会公众的情绪、解决社会矛盾、抵御社会不良风气方面有重要作用。

给大家分享一个故事：三四年前，我会两个会员在一次合作中发生了1900万元的纠纷，两家公司谈了一个月也谈不拢，后来出现了冲突。于是他们就找政府帮忙解决，政府说这是经济问题，解决不了，只有你们自己协商解决。一来二去，双方的保安打起来了，闹到了派出所。派出所也没有很好的解决办法，建议实在不行，就去法院。但双方一想，找法院，时间太长、成本太高、心太累。后来有人建议他们找我帮忙协调，于是他们找到了我。针对他们的问题，我说，既然你们找到了我，那是信任我。但是，如果我说的方案，你们不服的话，这件事情就免谈；如果你们认同，那么我可以帮助解决这个问题。他们说，我们都听你的。

于是，我跟他们讲了处理这个问题的几点原则：

第一，讲感情。大家都是老朋友，是有感情的。一个没有感情的人，是不可信任的人。不讲感情的人，是在社会上难以立足的人。所以，处理你们之间的问题，首先要考虑感情因素。

第二，讲胸怀。如果大家都斤斤计较，那这件事情就没法解决了。有一句话说得好："有多大的胸怀，才能做多大的事业。"你们今天能成就一番事业，是因为你们有胸怀。大企业，大胸怀；小企业，小胸怀。

第三，讲未来。很多事情，我们不能只看到眼前的利益，而是要从长远的眼光去看对以后是好还是坏。所以，处理这件事情的时候，一定不能为了一时之利、一时之气，把未来的信用、声誉搞砸了。

他们对我的话表示完全同意。后来为了把事情处理好，我找了会计师、律师，还有两个德高望重的企业家，一起商量方案。在设计方案的时候，我发现其实双方都存在问题，都有做得不对的地方；虽然企业大一点的那一方，口口声声说小企业坑了自己，但我后来一看，发现实际上企业小的那一方是很无辜的，因为政策变化了，之前的合作无法推进，不单单是企业小的那一方的责任。而企业大一点的那一方，从某种意义上来说，已经得到了一些好处。

于是我定下方案：双方共同承担，企业大的那一方多承担一点，企业小的那一方少承担一点。我把两家企业的负责人找过来，告诉了他们定下的方案：企业大的那一方责任占比60%，企业小的那一方责任占比40%。双方都表示接受，于是这件事情得到了圆满解决。

所以从一定意义上说，商会能有效消除一些社会矛盾。虽然法律通常是最后的方式，但不可否认的是，走法律途径的成本远远高于"走思想"途径的成本。从思想方面来解决，可能比走法律途径解决矛盾的成本更低、效果更好，而且能够从根本上解决。因为通过法律解决矛盾，事情是解决了，但思想不一定"解决"了。用道德、情感、理想、理念等去解决，是从观念上解决矛盾。路径不一样，结果也不一样。针对类似的问题，商会可以从心理上解决。这是商会社会价值的一个体现。

3. 经济价值

商会的经济价值非常大，有两个层次：一是平台价值、方案价值、模式价值和引领价值；二是方向性价值、融合性价值、系统性价值和公共性价值。前文已经介绍过，此处就不再赘述了。

商会在经济发展过程中，对个人、企业、地区甚至整个国家的作用都是非常大的。我相信再过一段时间，一个城市的竞争，可能会集中于几个商会的竞争。

4. 文化价值

现在的商会文化，和古代商帮文化的区别是什么？中国的商会文化和西方的商会文化又有什么不同？

现在的商会是自发性组织，不是命令性的。政府机构就不是自发性的，而是由上到下的垂直管理。企业组织也不一样，个人就可以成立，而且它是资本统领。

商会是民主自治的，假如想当会长，需要通过选举产生。我就知道很多商会的会长选举，竞争非常激烈。比如某地区在深圳有七八个商会，"山头林立"，竞争之激烈，可想而知。台湾商会会长的产生更不容易，各种拉票的手段都有。商会出现这种情况，说明了什么？

我觉得这是社会对商会价值认同的一种体现。

中国文化的核心是什么呢？仁爱和中庸。简而言之，就是你好、我好，大家好。我现在深深地觉得，我们应该有文化自信，因为中国实行的是民主集中制，它是在民主基础上的集中和集中指导下的民主相结合的制度。结合历史来看，西方没有办法形成大同文化。习总书记提出的构建人类命运共同体，实在是高瞻远瞩，也是继承和发扬中国古代优秀文化的一种体现。

前两个月，我去了很多国家，在和当地政府、学界、商界等各界人士交流的时候，他们都对习总书记提出的"人类命运共同体"概念表示认同。人类命运共同体的提出，是基于整个人类世界未来发展的高度提出的，是中国大同文化的体现。大同是中国文化的精髓之一。如何把这种文化传播到世界，如何运用在组织管理中，都是非常有研究价值的。

商会讲究互益，各美其美、美人之美、美美与共、天下大同也是商会文化的重要特点。企业文化未必是这样，企业是要满足自身利益；商会文化是你满足我、我满足你，是相互关系，是利他文化。

为什么商会受到越来越多人的关注？因为它确实具有很高的文化价值。但是要真正办好商会，非常不容易，我的体会是办商会比办企业更难。为什么？企业是一个经济组织，可以靠经济方式来约束、激励；但是商会却很难，因为没有办法和权力对会员进行约束，收效极低。

（二）办好商会的关键因素

应该靠什么去激励、引领商会走上正确的发展道路？

如何让商会形成凝聚力、号召力、影响力？

我觉得用一两种方法，并不能解决这些问题，而是应该整合应用各种方法。就像治病似的，有些病，不是打一针就可以治好的，还要吃药，再加上心理调整、运动等方面，才能治好。商会难以办好的原因也类似。

那么办好商会的关键因素是什么？

1. 要有总体指导思想

我跟很多企业家都说过，赚了钱，一方面是因为个人能力，另一方面是时代给了我们机会，改革开放给了大家舞台。假如你问企业家是怎么赚到钱的，可能有一些会回答：我也不知道，就这么做着做着，就突然发现自己有钱了。我有一个朋友，多年前买了上海的一块地，但是因为资金短缺，一直没开发，前几年土地价格飙升，把地卖出去了，一下子赚了几十亿元。

因此，我觉得企业家要真心实意地感谢这个时代，感谢党和国家。办商会也是这样。商会的基本指导思想，就是要号召商会的会员坚定不移地跟党走，坚定不移地走中国特色社会主义道路，坚定不移地拥护、践行社会主义核心价值观。

2. 必须实实在在地为会员服务

办商会，就要帮助会员赚钱，给他们出点子，引导他们转型升级，推动他们提升竞争力。对于小老板，就讲实在的，给他们提供市场、关系、资源；对于大老板，提供商业思想、思维方式、商业模式的服务。

3. 坚持绿色发展道路

在过去 30 多年中国经济高速发展的同时，环境也遭到了破坏，现在需要付出很大的代价去整治、修复，走绿色发展道路。绿色发展的核心路径是发展科技。中国产品现在对科技的依存度大概是 55%，但西方国家对知识、科技的依存度达到 85%。这一对比，明显体现出我们目前还是靠资源发展。举个简单的例子，美国、英国不管是大城市还是小乡村，房子大多是老房子，经济增长不是靠基础设施、房地产拉动的；而中国在大量建设基础设施、房地产迅速发展的情况下，经济增长率才六点多，这就是差距。今天，中国的经济建设取得了巨大的成就。但是我们不得不承认，我们的科技发展跟发达国家的科技发展还有很大差距。

美国有 300 多个诺贝尔奖获得者，而且绝大部分是自然科学类。中国有几个？只有莫言和屠呦呦。全世界 20 所顶级大学，美国占了 17 所。未来的竞争一定是科技竞争，不发展科技的国家是没有出路的。

（三）中国商会的类型

中国商会的现状，简单说来就是"三个三"：30%办得不错，30%马马虎虎，30%在死亡边缘。此外，中国商会主要有四种类型：第一种是庙会型，第二种是集市型，第三种是舞台型，第四种是家园型。

1. 庙会型

庙会一般在新年、元宵时举行，有些地方也会在其他节日的时候举办。参加庙会就是图个热闹、会个朋友、走马观花，就像很多现在的商会一样，年头开个会、年尾喝个酒，就没其他的了。这样的活动，很多人去了以后，谁也不认识，也不想认识谁，吃个饭、敬个酒、换个名片，等到该走的时候，两手一挥，就撤了。因为大家对这种商会没有任何指望，觉得商会无法帮自己解决问题，带来不了什么好处，所以就简单凑个热闹。

2. 集市型

小地方因为人少，要交换各种生活资料或者生产资料，每三天或一周，就自发组成集市，把自己的东西拿出去卖，或者去买别人的东西。赶集的好处就是给大家提供交易平台。很多老板加入商会，就是希望能够交易，想着能否卖点东西或者买点东西，这种交易不是合作，就是买卖，其中没有情感联系，没有股权合作，更没有战略层面的合作。

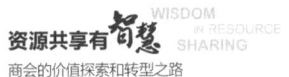
3. 舞台型

这类商会就是搭个舞台，让会员们有机会在上面"唱戏"，展示自己，让大家都有机会成为主角。这种类型比集市型更进一步，每个人都在展示自己的形象，展示自己的产品，展示自己的模式，展示自己的理想。但这样的商会，并不是最让人有归属感的。从某种意义上来说，这种商会的会员有荣誉感，但它只是展现价值的平台，没有强大的凝聚力。

4. 家园型

家园型才是商会真正的目标类型，就是把商会建设成企业家的家园。每个人有自己的小家，商会是中家，国家是大家，由此形成结构性的"家"。商会只有发展为家园型，才能凝聚人心，才能实现经济合作，才能促使大家共享利益。这种类型的商会实现了情感共通、信息共通、信用共通、利益共通。

商会的类型非常重要，但并没有放之四海而皆准的标准，还是要根据商会的实际情况进行选择和调整。

（四）办好商会的路径

商会要持续发展，确定目标是第一要务，目标决定战略、影响模式。没有目标，就没有方向，打一枪换一个地方，吃了上顿没下顿。广东高科技产业商会在成立之初就确定了短期、中期和长期目标：3年完成资源整合，再用3年进行资源配置，又用3年完成资源利用。另外还有资产/财务目标，如收入、会员数量、员工福利、增长速度目标等，目的是提高影响力、号召力。

1.确定明确的目标

除了能理性思考，科学构建发展战略、规划发展路径之外，商会领导者一定要善于描绘蓝图。描绘蓝图就是将理性的目标和冰冷的数字，转化成美好的"画面"，使其充满昂扬的音符和如诗如画的意境。这就是我们总在强调的"讲好故事"。讲好一个故事，比费尽口舌干巴巴地说清一个道理更能打动人心，更能凝聚力量。任何一个有领导力的人，都有非常好的讲故事、描绘蓝图的能力。毛主席很少拿枪，但是他的文章和思想胜似百万雄兵，他的诗词荡气回肠、豪情无边，激发团结仁人志士参与抗日战争。

我会创办之初，可以说是一穷二白，非常艰难，但当时我们就坚定走民间化、市场化的道路，不靠政府靠市场，不靠会员靠自己，一切都靠我们的双手和头脑来创造。很多时候，工资都发不出来，但我为大家描绘的蓝图是，商会未来一定是社会精英聚集的平台。我们每

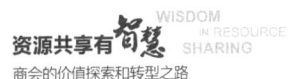
天都和有知识、思想、智慧的人在一起，人生的成功与圆满也不外乎如此吧。刘禹锡在《陋室铭》中描绘的情景："山不在高，有仙则名。水不在深，有龙则灵。斯是陋室，惟吾德馨。"我们也许不能巨富，不会显名，但有"丝竹之乐""曲水流觞"。用美好的蓝图激励人，用高尚的情怀感召人，用文化的氛围滋养人，才能如虎添翼。

确定了目标，描绘了蓝图，剩下的就是人才问题。现在很多商会的工作人员只有3~5人，人太少，只能做做上传下达这类"桥梁""纽带"的工作，也就是个信息员或传达员，很难提供创造性服务。智慧型商会要有人才体系设计，年龄要结构化，因为服务对象的年龄不同，有相应年龄层的人，才能更好地对话、共情；有了良好的对话、共情，才能真正了解会员的需求，提供更精准、有效的服务。

2. 多元化的人才

从事商会工作，需要综合能力，也需要专业能力，在"通"的基础上"专"。

一个组织要将人组织起来，需要"忽悠型"人才，但此"忽悠"绝对不是糊弄，而是就像谈恋爱，再浓情蜜意，也要懂得表达，不会表达，心意互通就比较慢，或者很困难。所以第一种人才是"忽悠型"人才。这种人才一是要有广阔的知识面，可以没当过大老板，但必须见过很多大老板；可以没去过美国，但要通晓美国的文化；可以没当过大官，但要能洞察官员的心理及思维方式。二是要有严密的逻辑性，没有逻辑性，就很容易漏洞百出，一眼就被人识破，失去别人的信任。三是要能感染人，用独特的思想、高昂的激情、特别的表达方式，让人一瞬间被感染，被"点燃"，从而使商会获得机会。

第二种人才是文字型人才。也许随着网络的发展，人们碎片化阅读习惯的形成，以及音频、视频、直播等交流和传播方式的普及，好的文字表达者——文字型人才会越来越稀缺。我听很多会员反映，公司里不缺好的程序员，而是缺好的文字编辑，而且据说很多科技创业公司都是如此。

据我观察，文字型人才未来会成为稀缺而抢手的人才，无论时代如何变化，我们都需要用文字来传播思想、传递情感，有效连接。此外，还有一种东西叫作文章。人们能借助文章来表达自己的思维逻辑、修养。所以个人应该养成准确和连贯表达的习惯，组织更需要用准确、一目了然的文字去引发人们思考。

我相信，文字是将无序的意识梳理成有序思考最好的手段，是洞见理性回归的正确路径。一个成功的，能提供更多思想价值和社会价值的商会，更加需要好的文字型人才，以便通过合适的、美妙的文字表达，为别人提供启迪。

第三种人才是赚钱型、经营型人才。如果一个商会没有人会经营资源，没有人有商业头脑，商会发展就会非常困难。如果商会没有盈利模式，想为会员提供服务，就是"巧妇难为无米之炊"。商会没有造血能力，就不可能有活力。理想是魂，钱是胆。没有钱，再好的理想也是海市蜃楼；没有钱，再好的设计也是镜花水月。商会作为非营利机构，并不是不能营利，而是赚了钱不能分，所以商会

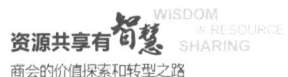

一定要会赚钱。

第四种人才是服务型人才。服务型人才要善于交朋友，善于和不同阶层、不同职位、不同行业、不同年龄的人打交道。我有个同样是做商会的朋友，有一次跟他约好在办公室见面，当天还约了另一个会员，也在我办公室见。我当天因为有事，迟到了 20 分钟，等我到办公室时，他们俩已经在等我了。我就问做商会的朋友："你认识这位大老板吗？"他说不认识。我就问："交换名片没？"他说没有。大家应该发现问题了吧，一个做商会的，没有一点交际敏感性。不管他是谁，既然坐在我的办公室里，那肯定和我熟悉。既然如此，就应该主动认识。缺乏主动性，不够开放、热情，这都是服务的大忌。要做好商会工作，做好服务，就要逢人三分熟，让人觉得毫无距离感。

服务型人才除了要有基本的服务意识和服务素养，更重要的是要有专业能力。商会的金融服务、政策服务、顾问服务，都需要工作人员有专业知识和专业能力。可以将专业的服务型人才纳入商会的人才体系中，为商会所用。

第五种人才是领导型人才。领导型人才的关键能力是胸襟开阔。很多人认为胸襟开阔是一种修养，是一种态度，实际上也是一种能力。人是有局限性的，通常会先为自己考虑。要克服这种局限性，不是看几本哲学书，听几句圣人教诲，就会突然"洗心革面"的。要成为胸襟开阔的人，必须看到宇宙的浩大，获得感知到自我渺小的智慧；必须是站在了"泰山之巅"，拥有领略了人间至美之后的慈悲；必须是经历千磨万击，成功向死而生后的涅槃。所以领袖大都是经历过刀山火海的。唯有如此，胸襟开阔才不会是空洞的口号，远大理想才不会是虚无的云烟。

我把这五种类型的人才分为四个层级：四流人才劳动力，三流人才服务力，二流人才创造力，一流人才领导力。要用好这些人才，还要从另一个维度去考量：保守型人才、发展型人才和创造型人才。

一个商会需要两个核心团队：副会长团队和秘书处团队。这两个团队要攻守兼备、虚实结合、相互助力，共同推动商会的发展。副会长团队主要在战略决策、制度设计方面发挥作用，秘书处团队要将战略、制度、活动落到实处。副会长要拥有海一样宽广的胸怀，秘书长要像火一般热情。

3. 清晰的战略

战略是什么？彼得·德鲁克说："战略不是研究我们未来要做什么，而是研究我们今天做什么才有未来。"战略就是清晰的发展路径。对商会来说，就是要发展会员，就是要思考靠什么发展会员，靠服务、靠口碑、靠情感，还是靠利益。我会的战略是以情感为基础，以服务为手段，以利益为纽带，最终形成以品牌和文化为核心的发展路径。所以广东高科技产业商会是一个特别有人情味的组织，也有浓厚的人文情怀。人情味让会员有了家的归属感，人文情怀则让我们有更高远的追求和更开阔的视野，每个人都在奉献，并形成了深深的价值认同，大家能够和谐共处，也能合作谋事，保证了我会的多元性和生命力。商会拥有多元性和生命力，才能不断深化战略。

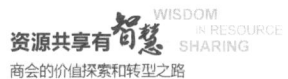
4. 提供有价值的服务

有价值的服务既要体现公共价值，又要体现个性价值。商会会员既有共性需求，也有个性化的需求，所以商会的服务要兼具共性与个性，既要有方向性服务，又要有方案性服务，方向是宏观的，方案是微观的。引导会员上市，推动间接融资，就是方向性、共性服务，体现的是公共性价值。在方向性服务的指引下，我们直接推动几十家公司在海内外上市，上市方案、资源供给、上市通道等都由我们提供，这就是方案性服务。为此，我们要整合很多资源，建立很多战略合作伙伴关系，建立直接服务和间接服务体系。另外，针对不同的服务对象、企业发展的不同阶段，提供思想性服务或资源性服务：成熟企业拥有的资源已经够丰富，他们更需要交流商业思想；发展中的企业更需要市场机会，就要提供资源整合服务。

5. 推动商业思想交流

企业竞争不是简单的资源竞争，还有商业思想的竞争。商会肩负着推动企业家商业思想发展与成熟的使命。我经常宣导一些概念，第一个是股权概念。现代的股权概念和原来的大相径庭。过去很多民营企业家一股独大，我是老大我说了算。这是一种封闭的股权概念。只有股权分散或者融进的资源越多，每股的价值才越大。马云也好，马化腾也好，他们的股份很少，都不到 10%，但他们控制着整个企业。股权分出去，资源引进来，赢得的机会就更多，风险也更分散。第二个是顾客概念。原来说"顾客就是上帝"，一味地讨好顾客；更重要的是东西能卖给某人，某人就是顾客；不能卖给某人，某人就不是顾客。现在完全颠覆了这个概念：不在于多少人买商品，而在于多少人关注商品或者某种媒体的运营者（比如直播者），关注的人都是潜在顾客，流量就是顾客，流量就是生意。

商业思想和商业智慧需要交流，以便相互启发、相互成就，最终推动企业家群体的共同成长，商会就是提供这样的机会，搭建这样的平台。

现在有种趋势越来越明显：有人有钱，有人有好的创意，通过商会提供的联系和交流，可以帮助大家做出非常好的东西。商会将这一点点钱、一点点创意、一点点情怀，连接在一起，形成一个生态圈。这个生态圈若能提供品牌、技能、人力资源培训、供应链管理、流通渠道，还有其他我们能想象的各种东西，那么企业、产业、市场和商会都会焕发出无限生机。

广东高科技产业商会的发展经验：①走市场化道路。市场化就是不等、不靠、不要——不等政府给钱，不靠会员支撑，不要低附加值服务。商会的市场化道路基本经过三个阶段——服务市场、发现市场、创造市场。②要有职业化、专业化、国际化人才。③要建立品牌。品牌是资产、凝聚力、影响力、整合力，更是生命力。④要有个性化服务。要有特色，能让人记住，让人想起，让人依靠。⑤持续的创新能力。要有新模式、新业态、新概念、新技术。

五、社会经济将成为重要的经济模式 ①

以前我经常怀疑"没有做不到，只有想不到"这个说法的准确性，但随着近几年经济、社会的迅猛发展，特别是科技的迅猛发展，我越来越觉得这句话深刻体现了当今的科技发展。譬如人工智能，前不久阿尔法狗（AlphaGo）大胜世界围棋冠军李世石，让不少人跌破眼镜。再如生物科技，人造皮肤、人造器官不知给多少病患带来福音。

（一）新经济模式的影响

近两年兴起的一种经济现象 / 经济模式，也让我们的社会发生了变化。比如说滴滴打车，大家都知道滴滴打车平台的车并不都归它所有，但它现在是知名的移动出行平台。由此我想起古希腊著名物理学家阿基米德说过一句话："给我一个支点，我可以撬起整个地球。"在这种经济模式下，一个人是否有资金、资源就不再显得那么重要。没有金钱，也有可能做成全球最大的融资机构；没有资源，也有可能做成全球最大的资源整合平台。同时，由此概念引申出未来的经济发

① 本文是作者 2016 年在深圳市鹤壁商会年会上的演讲摘要。

展模式、资源整合模式会发生革命性变化。

这种经济模式下的新型服务业是对传统服务业的彻底革命，而且滴滴打车的模式正在颠覆着人们的思维。

1. 对原有产权概念的彻底颠覆。做生意时，我们必须有自己的资本，以工业经济为例，就是要有厂房、设备、资金等。但滴滴打车不是这样的，滴滴打车的车还是司机的，只是作为滴滴公司的"生产资料"，出让了车的使用权。由此可以想象，这种方式能否应用到其他事物上？美国有一家叫 Airbnb 的互联网公司就是这样，专门把旅行者和有闲置房子的人联系起来，需要房子的人可以从网站上寻找自己需要的房型，这种方式简化了寻找房子的程序，对旅行者和房东都有极大的便利。在这种模式下，产权没有发生任何变化，却让闲置的资源得到充分运用。这种模式将颠覆现有的产权概念。

2. 就业方式将发生巨大变化。国内的主要就业方式是专职，而国外则是兼职就业越来越多。在滴滴打车这种模式中，你只需要在平台上注册，之后可以选择全职上班，也可以选择兼职上班。这种方式还解决了几个问题：第一，不需要老板发工资；第二，没有劳资纠纷；第三，没有雇佣关系。所以，这种方式对传统企业的劳资关系也产生了巨大影响。

3. 分配方式将发生巨大变化。在滴滴打车这种模式中，除了平台管理费以外，不存在其他分配的问题。多劳多得，你挣的就是你的，他挣的就是他的。

4. 资源配置方式将发生巨大变化。不需要公司统一购买资源进行

配置，而是市场在自我配置资源，因此提高了资源的配置效率。

5.生活方式和消费方式将发生巨大变化。每个人既是生产者，又是消费者。

从表面上看，这种模式只是给我们带来了便利，但实际上是对整个产业发展概念、经济发展模式、劳动就业概念和价值分配概念的颠覆。这种新型服务业会给以后的产业带来革命性的变化。

（二）共享经济

大家都知道，市场经济的起点是追逐私利。现在，我要告诉大家一个新看法：市场经济将会很快被社会经济所挤压。

伴随着科技的进步，社会经济现象将浮出水面。社会经济以利他开始，首先想的是他人的诉求、他人的利益、他人的体验需求，从利他出发，再回到利己。社会经济的终极价值是在利他的过程中实现利己，这是社会经济的基本特点。

社会经济所派生出来的经济模式是共享经济，滴滴打车其实就是共享经济模式下的产品。什么叫共享经济模式？共享就是当经济、社会发展到一定的高度，社会上有极多的闲置资产、时间、知识和能力等资源，然后重新进行配置利用。

我曾经去过一家餐厅，主厨是一个家庭主妇，她炒菜炒得特别好，但她不满足于服务家人，于是除了在家做饭以外，也经常在外面做饭给别人吃。把自己剩余的时间利用起来制造更多的产品，就是共享经济的体现。其实我们每个人都有闲置的东西，每个家庭都有闲置的物品，每个公司也有闲置的物品，这就是共享经济出现的引子。

这种模式将在未来大放光彩，由此我想到因共享经济所形成的社会经济。

很多政府都在招商引资，招商的对象大多是制造业。前两天，我在一次招商会议上，建议当地政府领导不要再用这种方式，因为一般招过去的工厂，起码要两三年才能出产品。况且，谁敢保证招过去的公司就一定能成功？所以，鹤壁的政府到深圳招商引资的话，我建议把一些具有成长性、概念性的企业的人带过来路演，与深圳共享资金、资源，从而使鹤壁的存量企业得到更多的生产要素，这也是一种招商模式。

另外，我认为现在鹤壁要发展社会经济。我在社会组织工作已经十几年了。深圳的经济发展，社会组织起了非常重要的作用。现在各种各样的展览会、招商会、研讨会都是社会组织在做，社会组织有着非常巨大的能量等待着我们去挖掘。

（三）社会组织的三种经济模式

1.社区经济。如果我们错失社区经济，就将错失未来。现在的社区物流、金融、医疗、教育等非常多，这些都是依托于社区的独特地

理位置所形成的巨大的服务圈和市场圈。

2. 社团经济。社团经济就是因商会、协会等形成的经济现象。

社团经济有三种经济价值：①联盟经济价值。这种价值体现在以社团为主体形成的各种联盟，尤其是投资联盟，比如广东高科技产业商会的金融俱乐部。我上个月到川商总会。这个商会成立仅3个月，共募资52亿元，由此可见社团经济的能量有多大。②平台经济价值。全世界70%以上的展会都是由商会、协会等主办的。即使在深圳，除了高交会和文博会以外，其他展会都是社会组织在办，而且高交会、文博会的许多工作也是社会组织在承担。③配置价值。基于商会在社会上的广泛影响力，它能促进各种生产要素的配置。广东高科技产业商会推动的"互为顾问、互为董事、互为股东工程"就是商会配置价值的充分体现。

3. 社群经济。现在有很多各种各样的群，包括网络的、现实的。这些群可能是因某种共同爱好而形成的，也可能是因某种共同利益而形成的。社群会组织各种活动，可能是钓鱼、打球、联欢，也可能是成立一家公司。所以，大家不要忽视社群的力量，它的驱动能力是非常强大的。

下面再分析一下市场经济的特点：

第一，市场经济是建立在充分竞争的基础上，这种竞争会形成贫富分化、垄断。

第二，市场经济具有盲目性。当你在生产的时候，别人也在生产；当你在研发的时候，别人也在研发；当你研发出来的时候，别人已经投产，这就会造成资源浪费。但共享经济是在建立在你需要的基础上，由我进行生产，个性化定制就是很好的体现。

市场经济的竞争是残酷的。在市场经济环境下，很多企业会一夜之间发展起来，也有很多企业会在一夜之间倒闭。

如果发展社会经济，将会很好地避免市场经济所带来的不利因素。从这种意义来说，不仅是科技发展促进了经济模式的巨大变化，这种经济模式也会引发社会的巨大变化。

当今社会不缺知识、能力，但是缺担当，共享经济可以很好地弥补这一缺陷。而社会组织具有利他精神、奉献精神，缓解了社会的人际关系，极大地整合了各种资源，给社会带来物质财富的同时，也带来了丰富的精神财富。

六、怎样才能办好校友会 [①]

西安工程大学粤港澳校友会的成立是西安工程大学主动融入大湾区建设的高远战略，是整合西安悠久历史、灿烂文化与大湾区科技资源、创新理念的重要举措，是推动粤港澳校友承担使命、创造价值，

---

① 本文是作者在西安工程大学粤港澳校友会成立大会上的演讲摘要。

推动两地协同发展，共赢、共享的深远布局。

成立校友会易，办好校友会难。从宏观上来看，办好一个社会组织的基本条件是要有"四好"：好的理念、好的机制、好的领头人和好的文化。要办好校友会，需要紧紧围绕这"四好"，同时要深刻理解校友会的特点，发扬校友会的优势，扎实稳步地开展活动，才能让校友会发挥服务校友、服务学校、服务社会的价值。

（一）校友会的优点

1. "基因"统一，身份多元。校友会的会员皆出自同一学校，走出校园后从政、从商、从学，各行各业，百花齐放，但有着共同的成长经历、知识背景、生活场景和青春记忆，这是校友会最大的凝聚力。

2. 情感基础深厚，信任基础坚实。祖国是我们的"母亲"，学校是我们知识的"母亲"，这份"亲情"是难以割舍的。大学往往记录着人们美好的青春年华，给人们留下了深刻的记忆。大家了解各自的来处，清楚底细，明白归处，配合度、默契度、信任度较高。

3. 归属感较强。因为校友会能提供深层的情感连接，所以校友会成员能互相接纳和认同，感到安心，感到爱的温暖，获得内心的平静和平衡，得到强大的归属感。

（二）校友会的短板

1. 以情相聚，组织比较松散，加大了组织难度。

2. 成员身份多元化，开展活动要充分考虑参会人员的职业特点、身份特点、年龄阶段等，增加了活动策划和组织难度。

3. 校友会因其服务性质，商业合作文化和基础较薄弱，增强了推动合作的难度。

（三）办好校友会的五大关键

1. 统一理念。校友会要牢固树立为校友服务、为学校服务的理念，这是校友会成立的初衷，也是校友会存续的基础。西安工程大学粤港澳校友会要成为学校在粤港澳大湾区的旗帜，以及学弟和学妹立足、扎根粤港澳的根据地，为学校的基础建设、科研水平、理念创新及品牌推广做出积极贡献。

2. 建立良好的机制。理念是方向，机制是保障。校友会要设立良好的组织机制，调动、发挥校友会领导层的积极性，激发全体会员的奉献情怀；探索商业化运营机制及合作机制，增强校友会的凝聚力；强化表彰机制，对表现突出的不吝表扬、表彰。

3. 推选卓越的领头人。社会组织的领头人要懂得平衡的艺术、妥协的技术，构建多元化语言体系，善于与校友会不同身份、不同阶

层、不同职业的会员对话，善于在不同场合以思想的深度和广度，凝聚、整合更多资源，赢得大家的信任与爱戴。

4. 要培养"名嘴"、名企、名人。校友的成就关乎学校的荣光。每个校友对校友会都要尽一份责任，尽力把校友会办好，更好地支持学校建设，使学校培养出更多优秀学子，特别是要让学校和校友会有培养"名嘴"、名企、名人的意识，让他们成为榜样、楷模和闪亮的名片，以增强学校的知名度和影响力，提升学校的社会形象。

5. 构建良好的校友会文化。培育、宣导、推动热爱学校、关爱校友的风尚，在各种活动中开展平等、奉献、互助、关爱等观念和家文化的探讨、总结、推广、表彰，让校友会成为年轻学子成长的平台、年长校友的讲台、学校领导的助手、学校品牌的推手。

七、如何提升会员对商会的满意度 ①

（一）满意是相对的

现在，要想让会员满意，是一件很难的事。别说让会员满意，即

---

① 本文是作者在第二届全国应急安全行业协会联席会上的演讲摘要。

使是要家人对你满意都很难。这是为什么？

我认为是因为价值诉求的多元化。对行业协会来说，它需要面对许多不同的对象：面对企业的几代人，50后、60后、70后、80后、90后。面对企业的规模不一，规模大的，有几百亿元营业额；规模小的，可能刚刚创业。面对对象的学历不同，有的是博士，有的是初中生。面对的行业也不同，有的是传统行业，有的是科技产业。而不同的对象有不同的价值诉求，所以要让所有对象都满意是很难的。

满意又是相对的。即便是夫妻两人，不同家庭都有不同的要求，有的妻子要求丈夫每天晚上回家即可，有的妻子要求丈夫每餐饭都回家吃。企业对商会的要求也是如此，假如企业出钱多了，对商会的要求就高；假如企业出钱少，对商会的要求就相对较低。还有些人爱挑毛病，另外一些则对商会很宽容。不同地区的文化也有着很大的区别，人的价值观跨度非常大。但我觉得有的是通用的道理，比如商会帮会员赚钱是第一要务。

帮助企业盈利的形式非常多，例如举办展会。通过展会这个平台，企业能够拿到产品订单，将产品销出去。很多行业协会办的展会，受到会员的高度评价，所以商会帮助会员赚钱是非常重要的。再如我会在2000年左右就帮助很多会员在好多地方拿到土地，从理论上来说，地价现在已经翻了3～5倍，但这些地在内陆地区，如果有的会员是在深圳买的地，价格已经翻了10倍，以前在内陆地区拿到地的会员又会觉得吃亏了。所以，我觉得满意是相对的。

（二）商会怎么为行业发展尽心尽力

商会必须为行业发展尽心尽力，主要表现在以下几点：

第一，帮人赚钱。这是最重要的。

第二，替人消灾。应急安全行业协会就是替人消灾的。企业在发展过程中也会遇到很多困难，所以行业协会既要锦上添花，也要雪中送炭。比如现在很多企业面临资金断链，尤其是去年股市大跌，跌到2400多点，大量上市公司资金即将断链，生产即将停滞。此时行业协会能做什么呢？能不能帮助融资？能不能帮助借款？做这些事情的风险非常大，我去年为企业借了几亿元，全是口头的，直到今天，还有几千万元没还。现在还有很多民营企业无法从银行贷款。

十几年前，我会募集了20多亿元的基金，用来做创投：利用这些钱，帮助会员上市。当然，现在大部分已经退出，但还有少量的没有退出。有的赚了点钱，赚了钱的当然很高兴。但也有已经十年了还没退出的基金，你说人家满不满意？从商会这个角度来看，所做的很多事情主观上是好的，客观上可能会有不好的效果。

第三，帮人站台。我认为商会站台、捧场、给面子是非常重要的工作。如果会员娶亲嫁女，会长不去，我觉得会员对会长或秘书长不会有什么好感。假如一年到头，会长不到主要的副会长单位去走访，会长就基本不合格。其实有些人并不在乎你能帮他做什么，而是在乎你的态度。像我们商会很大，是中国第一家高科技领域的商会，我几乎天天帮人站台。

第四，帮人搭台。就是要帮助会员搭建各种各样的关系平台、资源平台、机会平台。我觉得搭台成功了，机会得到了，钱赚了，难题解决了，人家就满意了。

（三）如何使会员对秘书长和会长满意

商会会员对秘书长和会长是否满意，是会员对商会是否满意的重要评价标准。如果会员对会长不满意，对商会也一定不满意；对秘书长不满意，对商会也很难满意。俗话说："火车跑得快，全凭车头带。"一个组织发展得好不好，领头人好不好非常重要。对于商会来说，有时候秘书长比会长更重要。因为有的会长在办企业，有的会长原来是政府官员，能动性、积极性、创造性相对稍弱；而秘书长是主要干活的人，非常重要。

如何判断秘书长是否优秀？我认为有三个标准：第一，有人请吃饭。这是非常简单的标准，有人请秘书长吃饭，说明这个人在情感上对秘书长是认同的。第二，有人请办事。有人找秘书长帮忙，说明这个人认同秘书长的能力。第三，有人挂念你。有人想念秘书长，说明秘书长做人不错。假如秘书长没有做到这三点，那么基本不合格。

如何判断会长是否优秀？判断标准也有三点：第一，胸襟开阔。刘备文不能治国，武不能安邦，但他胸襟开阔，很多人愿意追随他。很多人好不容易当上会长，结果一年到头只参加一两次活动，该掏钱

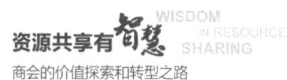
的不掏钱，该出力的不出力，该给资源的不给资源，这种会长胸襟不开阔，肯定不行，这个商会也不用再考虑。第二，有资源。一个行业、产业的发展，需要各种各样的资源，如果这个行业协会的会长没有资源，也调动不了资源，如何为这个行业服务？第三，德行高尚。有些人当了会长后，就把商会当成自己家，把秘书处也当成自己家的，秘书处团队所做的一切都为他服务，商会就完蛋了。

我曾经写过两篇文章，其中有一篇文章是《优秀的秘书长是个完人》。人们常说，中国只有两个半圣人，一个是孔子，一个是王阳明，半个指的是曾国藩。什么是完人？我认为完人是不利己，有崇高的道德追求和极强的能力的人，但是要称为完人，真的很难。另外一篇文章是《成功的会长是个美人》，指的是性格美、能力美、心胸美、形象美、心灵美。

如何使会员对秘书长和会长满意？

秘书长和会长还要达到以下标准：

第一，会讲话。秘书长和会长要懂讲大话、讲行话、讲实话、讲重点、讲情话。讲大话，就是能讲国际形势、社会发展。讲行话，就是能讲行业走势、行业机会和挑战。讲实话，就是不说谎话、套话、假话，实事求是，说话算数。讲重点，就是要开门见山、言简意赅、突出重点、观点鲜明。讲情话，就是说话情真意切、深入人心。

很多人不会说话，一件好事，结果被说成了坏事。说话是一门艺术。有时候说真话，却得罪了人。在商会，同行是冤家，"老二"说"老大"的坏话是很正常的，会员说会长的坏话也是很正常的。但秘书长不能记得谁说了坏话，而是应该记得谁说了好话。

人与人之间，沟通非常重要。有时候说假话，可能会起到正面作用。此"假话"通常是正能量的话，避免矛盾的话，避免冲突的话。会长和秘书长的主要工作之一是沟通，沟通不到位，做事就很难。我对这种体验非常深刻："老大"做大了，但又只有一个"蛋糕"，"老二""老三"分到的就小了，如果沟通不到位，就容易发生矛盾。我们应该学会说有利于团结的话，有利于发展的话，有利于关系和谐的话，有利于避免矛盾的话，有利于鼓舞士气的话。

第二，懂平衡。平衡就不能偏废。我觉得平衡也是很难的，比如对家庭而言，妻子说要多给她父母一点钱，丈夫说我的父母年纪也大了，要多给他们一点钱，怎么平衡呢？再如我们举办活动，会涉及座次排位，其实很多企业家很在乎排位，这又该怎么平衡？我们办展会，那么多的会员，谁排在主位？谁排在侧位？这些都需要平衡。还有更重要的利益平衡，在一个行业中，怎么去平衡利益？怎么去平衡关系？很多商会就是因为会长不懂得人际关系，不懂得平衡，遇到这种事就觉得很棘手。

第三，善整合。商会自身的资源是非常有限的，如何去整合行业以外的资源？如果没有跨界整合的能力，就没办法给会员提供更多的服务。要提供服务，要么有平台，要么有资源。我会这些年在外面整合了很多资源，政府、媒体、金融等行业在国内外的各种资源。巧妇难为无米之炊，尤其是应急安全行业协会，这个行业不太大，就更需要通过整合进行合作。整合有很多种方式，比如概念性整合、平台性整合等。有的很难整合，因为观念不同：情感不共振，观念不共频，利益不共享。

第四，高情商。很多人智商很高，但是情商不高，高智商低情商，高知识低智慧。商会面对的对象是人，我们为人做事、做人的事，需要高情商。说话别人爱听、做事别人满意、做人别人留恋，是情商高的三大简单标准。

第五，肯担当。当企业遇到问题的时候，商会的秘书长和会长要冲上去。当整个行业面临问题的时候，需要我们向政府发声，向社会发声，要有担当精神。

会员有很多问题，商会的角色已经决定秘书长和会长要有担当精神。"你能不能做"和"你去不去做"是两个概念。商会既没有什么钱，也没有太大的本事，商会的重要价值之一就是有主动性、积极性和担当性。要做到这一点，需要商会的人肯奉献。其实做秘书长、会长就是图个名声，要出钱、出力、出资源、出时间。会长就是要讲奉献，把行业做到让大家都有利益。秘书长更不用说了，工资不高，工作又繁忙，而且一旦做了秘书长，干别的事情也很难干。秘书长是很可怜的人，也是非常可爱的人，在行业发展的过程中，秘书长是做了重大贡献的。

（四）办好商会应有的思维

商会要做的事很多，可做的事也很多，但是要做好非常难，还要有不同的思维。

第一，利他思维。我觉得马云说的一句话非常有道理，就是把客户放在第一，员工放在第二，股东放在第三。商会也是这样，要有利他的情怀和思想，凡事从会员的角度考虑；如果只从自身的角度考虑，那这个商会肯定做不好。

第二，世界上没有免费的午餐。做任何事情，都得付出。叫别人帮忙，一两次可以，多了肯定不行。我们必须为别人创造价值。别说是会员，即使是亲兄弟，也要明算账。不能指望会员天天做义工，这是不可能的事情。

第三，商会要有造血功能。商会如果没有造血功能，吃饭都成问题，又怎么能为会员提供有效服务？越有钱的商会，服务越好；越穷的商会，服务越糟，这是规律。

第三章

经验避险

一、办好商会的秘诀

（一）好商会的五个标准

什么样的商会才是好商会呢？可能每个人都有自己的标准，我认为好商会有五个标准：

1. 商会要有"料"

什么叫作"料"？就是资源。俗话说，巧妇难为无米之炊。一个商会没有资源，怎么办得成事？怎么能发展呢？

我所说的资源主要分为四类：

第一，企业资源。商会要有会员，会员越多，资源就越多，办事就越容易，也能办得更好。企业家是商会的"衣食父母"、核心资源，没有企业家支持的商会寸步难行。而且商会还得有"大腕儿"——进入世界五百强、属行业领军者等知名度高、体量大的企业；否则，在外面参加活动，或者介绍商会时，念了一大堆会员的名字，别人一个也不知道，那么别人对商会的观感一定会大打折扣。

第二，政府关系资源。我国现在对社会组织的态度是非常开放的，鼓励、支持社会组织更多地参与各类社会事务中，而且政府每年都会有一部分资金用于向社会组织购买服务。如果一个商会一点政府关系资源也没有，对政策都不清楚，又怎么可能得到政府的政策、资金支持呢？例如深圳市政府每年拨出一笔财政资金，用于支持商会举办各类科技、经济论坛。如果商会有政府关系资源，便可以与政府深度合作，承办这些活动，不仅能给商会带来一部分收益，还能提升商会的社会影响力。如果商会没有政府关系资源，那么商会的价值就大打折扣。

第三，金融资源。综观世界企业发展史，没有一个不借钱，就能做大的。有人说，不借钱的企业是三流企业，借了钱要还的企业是二流企业，借钱不还的企业是一流企业，因为它还的是股权。任何企业、组织都离不开金融资源。当今社会，越有钱的人越借钱，没有钱的人也想借钱。但对中小企业来说，借钱、融资是一件比较困难的事情。如果商会有丰富的金融资源，能够帮助中小企业借到钱、融到资，这种帮助对中小企业来说是非常巨大的。金融资源对科技类组织非常重要，金融资源是所有科技企业、组织赖以生存的关键。缺乏金融资源的组织，生存将难以为继。

第四，综合性资源。比如专家学者资源，现在是知识经济时代，企业、政府、社会组织都需要各类型的专家学者担任顾问，以便处理一些专业性较强的问题。广东高科技产业商会是一个综合的高科技产业商会，基于会员的广泛性与多元性，必须积累一批专家学者资源，否则如何为不同企业解决不同的问题？因此，我会特别注重与国内外高校、科研机构的联系，也有一批国内外知名的专家学者专门帮我们的会员解决问题，其中就有诺贝尔奖获得者、美国院士等。除此之外，还有国际资源，我会自 2002 年起，就率领一批会员走欧洲、闯美洲、游非洲，80 多个国家和地区都留下了我会人员的足迹。从我国 2001 年加入世界贸易组织，到现在的"一带一路"倡议，经济全球化一直是国家非常注重的经济发展趋势。没有国际资源，跟不上国际形势，国外的月亮圆不圆都不知道，怎么能叫好商会？

2. 商会要有"种"

有"种"是什么意思？就是要有胆识。做商会要有胆识，要做别人不敢做的事，要做别人做不好的事，要做别人从来没有做过的事。做商会，一定要有这个理念。

我会做了很多超前的事情，比如早在 2007 年，我们就开始发起创投基金；2005 年，我们就以商会名义办工业园区；2000 年，我们就开始带领会员到全国各地考察投资环境……除了给会员带来实际收益之外，我认为更重要的是，我们带动了一批人，启发了一批有创新精神的企业家。商会要有"种"，要敢干，而且有办法干，不能一味地唱老调，得做一些让别人刮目相看的事情。其实商会得让会员有新鲜感，你干的事，别人干过了，或者总是在重复同样的事情，就像天天看一张老脸，说不定什么时候就令人厌烦了，然后慢慢地疏远你了。

3. 商会必须有钱

说实话，现在很多商会最怕的问题就是没钱。

商会要有三种钱。

第一，要有吃饭的钱。现在很多商会的工作人员像走马灯似的，这个星期是小李、小张，下个星期就换成小王、小谢了，为什么会出现这种情况？因为待遇差，别人觉得干下去，看不到希望和前途。有时搞活动、开会，连聚餐的钱都得所有人捐资，这样的商会能吸引会员吗？能留住人吗？"贫贱夫妻百事哀"用在商会同样合适。更有甚者，有些商会一到开年会的时候就头疼，人倒是能叫到，但是组织活动的钱却极难解决。

第二，要有发展的钱。首先，商会要招人，而且要人才。说实话，商会工作不是一般人能干的，综合素质要求较高，起码要本科学历。其次，商会工作人员要参加培训，在这个不学习就会被淘汰的社会，总不能一直吃老本吧。最后，还得开展各类项目、开发各种平台，为未来的发展奠定基础。这些都需要金钱投入。

第三，要有未来的钱。我会办了 20 年，我的很多同事是大学一毕业就到商会工作了，虽然大家都还很年轻，还有激情，但是得做好预防呀，每个人都有老去的一天，因此养老的钱是必须准备的。还有很多重大项目需要钱，各地办事处设立的初始资金，一些金融项目的前期投资，等等，这些都得准备钱。

4. 商会要有人

人是发展的核心，好商会要有三种人。

第一，好的会长。我曾经写过两篇文章，其中一篇是《成功的会长是个美人》，就是说对会长的要求特别高。在我看来，一个成功的会长要有钱、有德、有胆，还得有格局。

第二，优秀的秘书长。秘书长其实是很难做的。我干了很多年秘书长，觉得秘书长就像阿庆嫂。优秀的秘书长八面玲珑、左右逢源、能说能写、会唱会跳，任何时候都有火一般的热情，还能把周围的人"点燃"。当然，我们不能以这么高的标准要求所有秘书长，但热情是秘书长必备的。当秘书长，没有太高的经济收益，也不能升官发财，凭的就是激情和理想。

第三，有默契的团队。一个有默契的团队，能在商会工作中事半功倍。要是一个天天搞内耗、钩心斗角的团队，那这个商会就基本完蛋了。说实话，我会团队总体是非常默契的。当年我们这个团队也是历经艰难，靠着梦想支持，和马云的"十八罗汉"一样。我每天跟同事们谈梦想、讲情怀、描蓝图，就这样一步步熬过了艰难的时刻。

5. 商会要有情

第一，讲感情非常重要。大家都知道中国大部分地区是非常讲人情的，人与人之间必须讲感情。怎样才能有感情？常联系、常沟通、常吃饭……做会长、秘书长的，千万不能摆出一副高高在上的姿态，对会员漠不关心，从来不去企业走访，了解企业情况，这样的会长根本当不好。实际上联络感情是非常简单的事情，尤其是在通信如此方便的情况下，逢年过节一个电话、一条短信或微信，这很难吗？千万不要觉得这是小事，它其实非常重要。人就是这样，平时没有电话、短信联系，更不用说吃饭、喝酒了，遇到困难的时候想找人帮忙，临时抱佛脚会有用吗？不可能。

第二，要有组织荣誉感。我会的会员 90% 以上都加入了好几个商会，但我会的牌子永远在他们企业文化墙的正中位置。这就是组织荣誉感，他们为加入我会而很自豪。会长、秘书长更应该具有这种荣誉感，这样才会产生责任感，在处理各项事务时才会以组织利益为重，不会因情绪、私利而随便就把事情干了。有组织荣誉感，我认为非常重要。

第三，得有社会责任感。什么叫作社会责任感？举两个简单的例子，发洪水了，贫困家庭子弟上学遇到经济困难了，得组织捐款或者至少写封慰问信；现在提倡节能减排，那么就不能干污染环境的事。

第四，对国家要有感恩之心。从改革开放至今，中国取得了巨大成就的同时，也暴露了一些弊端，但不管现在存在什么样的问题，没有共产党就没有新中国，没有邓小平就没有今天的改革开放。所谓的能挣多少钱、企业做多大，如果不感恩国家、感恩党，都是瞎扯。这就是对国家的感恩之心。没有这点基础，我认为公司、社会组织都没有必要再办下去了。

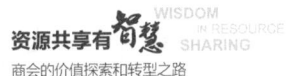

（二）商会必须面对的几大关系

1.利己和利他

我写了一本书《美丽的手》，副书名是《翻越利己的高峰》，意思是商会必须从利他出发。其实做生意也是这样的，如果只是利己，什么事情都只考虑自己的利益，生意是很难做大的。只有通过利他来实现利己，生意才能做得长久。一个利他的企业或社会组织，才能建立好口碑、好形象、好声誉。这些无形的社会资本的积累，有时甚至比有形的财富积累更重要，它们不是货币资本，但它们能带来许多资源，极大地提升组织力、整合力、号召力、引领力。如果一个企业或社会组织具备了这些因素，即使它现在不成功，那也离成功不太远了。

在很多问题上，我们不能太看重自己的眼前利益，要有"风物长宜放眼量"的思想。对于一个会长来说，如果只是为自己的私利当会长，目的就是出个风头、捞点社会名声，而不是为会员整合资源、提供服务，这个商会肯定做不好。一个没有牺牲精神的商会，一个没有利他精神的会长／秘书长，是不可能做得好、走得远、受人尊重的。

我会在全国各地有 6000 多家会员，其实有一部分企业已经多年没交会费了，但我们从来没有追着他们要过钱，而是依然把他们当作会员，依然为他们提供各种服务和帮助。到后来，有一些项目、活动方面的合作的时候，他们极其大方，小的比如说活动赞助几十万元，大的例如项目投资上千万元，他们都二话不说，慷慨解囊，这就是一个很好的体现，利他才能利己。做商会的，不能雁过拔毛，天天起来第一件事就是催会员交费，有意思吗？有时候催得自己都不舒服，对不对？因此，对一些交费比较困难的会员，我建议就别再收了，但是要继续为他们提供服务、帮助。

2. 长期和短期

大家都希望商会能永远办下去，至少办二三十年。但理想是丰满的，现实是骨感的。眼下就没钱吃饭了，怎么办？其实很多商会都遇到过这个问题，战略规划很周详，却倒在了眼前的难关上。遇到这样的情况，怎么办？忍，小不忍则乱大谋。"天将降大任于斯人也，必先苦其心志，劳其筋骨，饿其体肤，空乏其身。"人家不理解你、骂你，你得和颜悦色地跟人家解释。人家不交费，你还得继续提供服务。古往今来，太多关于忍受的故事，我也不想再赘述了。一个遇到一点委屈，动不动就暴跳如雷的人，是个弱者。弱者易怒如虎，强者平静如水。种种委屈，得忍住，得有耐心。会长、秘书长确实很难做，必须学会忍气吞声，因为所做的事情，不可能满足所有人的诉求，肯定会有被人批评、反对的时候。在这个过程中，也必须看到自己存在的问题，并加以改进。

处理好长期和短期的关系，要遵循商会发展的基本规律——体力型、智力型、智慧型，前文已经介绍过。在发展的道路上，必须定好目前的发展方向，对现实状况有清晰的认知，不能"一步登天"，更不能好高骛远。

3. 人才和资金

一般商会秘书处有多少工作人员？少到超乎你们的想象，大一些、好一些的商会秘书处也就七八个人，一般的也就三四个人。商会工作比较繁杂，这么少的人，忙得过来吗？其实很多商会都想招人，招聘专业人才，招聘一批有能力、有干劲的职员，但很多商会没钱，就放弃了招人的想法。

但人才是创造一切的源泉，没有人才，再多钱都会花光；要是有人才，没钱的可以找到钱。因此，要舍得投入，要勒紧裤腰带，把招人的钱省出来。说实话，招人也不是容易的事情，得有耐心——找人的耐心、等待人成熟的耐心。商会是靠人去赚钱，靠人去整合的，千万不能等有钱了再去招人。很多商会都是一开始风风火火、信誓旦旦、豪情满怀，几年后偃旗息鼓，甚至消失了，原因就是没人才。

秘书处里都是什么人呢？至少需要大学本科毕业吧，那么难的事，初中生干得了吗？做商会是极具挑战性的事，关于人才与资金的关系，我认为要舍得投入，先解决人的问题。找到人，才能找到钱，也才能找到发展的路径。

4. 资源和服务

商会要给会员提供服务。没有资源，肯定是服务不了的。权衡好资源和服务的关系，怎么去用资源，是有"套路"的。

一是要用自己身边的资源，先用好身边的资源，而且用了资源，一定要注意回报。天下没有免费的午餐，千万不能白用。白用，你最多就只能用两次，以后再用就难了。用了资源，一定要回报，这是规律，也是人性所致。大家只是简单的合作、交换关系，要别人无条件地支持你、服务你是不可能的事情。二是要用足身边的资源，资源是越用越多、越用越活的。比如我们找人办事，事情办好了，得感谢别人，那么下次再找，可能就更容易了，因为有信任关系了。人与人就是在这样的互相帮助中，逐渐加深关系的。一个抱着万事不求人的思想的人，是不会有出息的。关于回报，它既可以是有形的东西，也可以是无形的东西，交换资源是一种回报，言语感激也是一种回报。

5. 寄生和自生

其实大部分商会都过着寄生虫般的生活，基本都是靠会费、靠赞助，自身没有造血能力。没有造血能力的商会，是没有话语权的，不能自己做主举办活动、外出考察，甚至举办一些联谊活动，还得掂量一下钱包。寄生生活确实是比较舒服的，问题是能持续下去吗？不能持续下去，怎么办？只有自己养自己，就是得有自我生存的能力。靠什么生存呢？就是怎么造血？像我会搞基金，是造血；共同合作投资、开发项目，也是造血；我会的金融俱乐部给企业提供上市、兼并、重组、收购等服务，被服务者给点好处，更是造血。

我4年前写过一篇文章，叫作《靠会费生存的商会必将死亡》，深入阐述了一个没有造血功能的商会，是不可能走得长远的。现在社会组织的发展势头迅猛，很多企业多则入十几个会，少则入五六个会。比如四川的异地企业，省里的四川商会得入一下吧，市里的得入

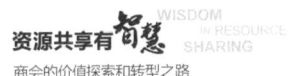
一个，县里的还得入一个，企业所在行业的更是要入。比如做电子的企业，深圳市电子商会得加入，广东省的电子商会也得加，国家的电子商会还得加。假如又觉得其他的商会有一些可利用的相关资源，还得加入，效益不好的话，可以说赚的钱都不够交会费。我有一个朋友，他最多的时候加入了三十多个会，不过好在是会员，如果都是副会长，肯定倾家荡产了。现在一个一千人左右的工厂，有时候还赚不了几百万元，如果商会不能给人家带来实实在在的好处，别人怎么可能交会费？我认为商会的收入，至少50%应该是自己赚的，另外50%可以靠会费或者靠赞助。如果一个商会能够自己赚到80%的收入，说明这个商会开始腾飞了。

6.传统和创新

现在大部分商会就是吃吃饭、喝喝酒、唱唱歌、聊聊天，所谓的"穿针引线""桥梁纽带"，直白一点就是干一些吃喝玩乐的事。这是非常传统的服务方式，这种服务方式已经很落后了，只能对情感连接还有一定的作用，但对企业的发展没有真正意义上的帮助。

（三）怎样才能成为好商会

1.**一定要有明确的目标。**目标一定要科学，短期的、中期的、长期的，是先招人，还是先找钱，抑或是先聚集资源？综合考量商会的条件、会员数量、会员质量、会长的能力、秘书长的能力、团队的执行力等因素之后制定的目标，才算得上是合适的目标。如果目标不准确，第一会造成资源的巨大浪费，第二会造成信心的巨大打击，第三会丧失进取创新的活力。做企业是这样，做商会同样是这样，目标的确定非常重要。

2. 一定要找到适合自己的模式。商会发展的模式很多。有些商会就是做点简单的活动，主要举办联谊活动。这种是联谊型商会，这类商会没有太大的野心，资源也不多。能搞就搞下去，搞不了就拉倒。有的是合作型商会，这类商会旨在对内推动会员的合作，对外讲究与企业、政府等组织之间的联系、合作。简而言之，就是推动各方合作、共赢。还有的是创新型商会，这类商会主要着力于干出成品牌、有影响力、有实实在在收益的事，和前面两种商会完全不一样。

3. 一定要找到发展动力。推动商会往前走的动力是什么？无非是几种激励，第一是理想激励，第二是金钱激励，第三是名誉激励……动力非常重要，要不然大家怎么会有活力，怎么会有激情？

4. 必须坚持。再苦、再累、再难，都得坚持。比如坚持学习，我在办公室，每天平均接待五次到访客人，到外面参加各种活动的时候，基本上都得演讲或致辞。大家都知道，话不是随便乱讲的。因此，我晚上还得备课。但我晚上经常在外面，有各种应酬。而且我喜欢交朋友，真是觉得时间不够用，白天接待，晚上应酬，回去还得读书、备课、写文章。碎片时间也已经被我利用了，我每天走在路上就听英语新闻学英语。因为我会现在已与国际接轨，本人经常要到国外

去演讲，不懂英文，怎么讲？再如锻炼，身体是革命的本钱呀。每晚睡前，我做半小时的俯卧撑。很忙、很累，但这些事情还是坚持下来了，有时候自己都被自己感动到泪流满面。任何事情不坚持下去，是没有结果的；当然并不是盲目地坚持，而是要有明确的方向、科学的方法和坚韧不拔的意志。

（四）办好商会必须懂的招数

1. 要有新理念。当今时代，是讲跨界、讲融合的时代。很多人都在寻求跨越式合作，比如跨行业、跨区域；很多行业都在结合，科技和金融结合、金融和文化结合。这就是跨界融合。基于此，我会成立了金融俱乐部、文化俱乐部、创新俱乐部，科技俱乐部也正在筹划，各部门独立，又相互合作，就是跨界融合在我会的实践。我们不能只低头拉车，也要抬头看路，要不然都不知道"死"在哪里。跨界融合能帮我们眼观六路、耳听八方，帮助我们开阔视野，更清晰地认识外部环境。

2. 要有实力。大家可以看看泰国中华总商会，他们多厉害，国家领导人，甚至普通中国公民去泰国，很多都会去中华总商会参观。为什么？它的会员创造的财富达到了整个泰国财富的50%，这就是实力。建议商会内部共同出资成立公司，找人经营或者共同经营，赚的钱，拿出一部分给商会。这就是一个充分利用商会资源的方式，也是增加商会影响力和实力的切实路径。而且能帮助商会提升造血功能，摆脱过去只依靠会费生存的尴尬处境。

3. 不把资源当会员。不能见人就想让对方交钱入会，而是要考虑和对方合作的可能性。资源不是会员，而是应该利用商会的品牌、资源，寻求与对方在各领域进行广泛合作的机会，与对方建立多种战略合作关系。不断地跟银行、兄弟商会、政府等合作，才能聚集更多的资源、吸纳更多的会员，商会才有更多的活路。

二、商会的五大"痛点"

中国现代商会的发展历史短暂，缺乏理论指导，还处于野蛮式生长阶段。无论是与欧美、日韩的商会相比较，还是与东南亚的商会相比较，我国的商会都还处于较原始的发展阶段。中国现代商会的"痛点"主要体现在以下几个方面：

（一）理论相对滞后

据我了解，到现在为止，还没有一个学派，或者一位专家学者对

现代商会进行卓有成效的系统研究，商会理论相对滞后。缺乏理论指导，一方面使商会的工作缺乏整体性、战略性，大部分是游击式；另一方面，绝大部分从业人员没有受过专业训练，甚至不清楚商会的秘书长和其他工作人员应该学习哪些专业知识，具备什么知识、能力。从业人员的非专业化、非职业化，使商会的工作仅仅停留在"保姆"这个角色，很难给会员提供有价值的服务。而商会的工作对象通常是某种意义上的成功人士，他们有胆识、有远见、有独立判断能力，而且个性较强，如果商会的工作人员没有较高的专业知识、能力和素质，提供的服务一定是十分有限的。

（二）地位有待提高

从发展历史来看，过去的计划经济和全能政府使商会没有实现价值的空间，严重抑制了商会的发展。即使是现在，虽然从中央到地方，都认为社会组织非常重要，但在政策落实、资源和利益分配方面，仍然存在较大落差。也正因为地处"边缘"，商会难以吸引优秀人才。一个组织如果没有优秀人才，能不断壮大吗？没有相应的地位，能持续发展吗？

我非常欣喜地看到，目前无数社会组织工作者依然保持着强大的工作热情，依然无怨无悔地坚持着，依然在无私奉献。这是社会组织的希望之火。

（三）秘书处团队规模普遍偏小

我曾做过一个简单的调研，发现我国绝大部分商会的工作人员都在十人以下，只有五六个人，要满足那么多会员的需求，承担那么多的服务，有可能吗？行业协会至少要做好以下几项工作：对行业发展战略进行清晰地描述，对行业标准进行规划与制定，对行业发展的国内外资源进行整合，为行业内的企业提供公共性和个性化的服务，建立本行业技术、人才、市场、服务的公共平台，规划行业协会的发展目标、战略、服务体系、经营模式和文化等。如果没有足够的专业人才，能完成以上工作吗？

据我所知，很多欧洲国家的工商会不仅工作人员众多，而且精英辈出，影响力非常大，可以影响议会决策，影响市长、州长选举，影响国家经济、社会政策的制定。在欧洲，商会会长常常在经济领域比市长更有话语权和权威性。为什么？因为他们对经济发展、增加就业机会做出了很大的贡献。

（四）生存方式单一

很多商会仅靠会费生存，这种生存方式已经不适应当今中国商会的生存环境了。有些商会有少量的政府购买服务收入，绝大部分不能通过增值服务获得收益，这种生存方式是难以为继的，最终是死路

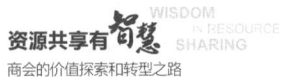
一条。企业家宁可请你吃一顿饭，花 3000、5000 元没有问题，那是出于朋友之情。如果他交会费，就意味着彼此形成了契约关系。如果你不能够给他有效的服务，就意味着违约，他可能会允许你违约一两次，但不会长此以往。所以你收一年会费容易，要持续收 5 年、10 年会费就很困难。仅仅依靠会费，这个组织的持续生存就会有问题。

（五）优秀人才缺乏

商会的工作人员大部分以女性为主，因为男性要承担家庭大部分的经济责任，但在商会很难有较高的收入，薪资没有吸引力，也不像企业那样有股权、期权的激励，所以从事商会工作的 70% 都是女性。当然，女性比较感性、细致，有她的优势，但也反映出商会普遍薪资较低。商会的发展需要更多的理性、创新、果敢等元素，男女比例的不平衡，增加了商会跨越式、创造式发展的难度。此外，商会"天花板"较低，又没有很好的激励机制，工资水平不可能跨越式提升，职位的晋升空间、地位提升空间都非常有限。现在也没有社会组织人才发展的制度，社会上没有很好的价值认同文化氛围和舆论引导，很大程度上制约了优秀人才进入商会。

由于各种因素的制约，使商会的发展道路荆棘密布、矛盾重重。一边是商会需要大发展，一边是人才稀缺，形成恶性循环。因为工资低，吸引不了人才；没有人才，各项工作就无法开展，于是很多商会只能苟且偷生，甚至名存实亡。很多商会办了 10 年、15 年，规模不仅没有扩大，反而日益缩小，归根结底是人才问题。

三、为何众多知名民营企业集中于深圳 [①]

今天我想换一个视角——从社会学视角来解读中国民营经济，特别是深圳民营企业和民营经济的发展"基因"、成长土壤、独特优势。讲社会学就离不开商会等社会组织，从这个视角也可以让大家更深刻地了解商会的价值，从而洞悉商会在推动民营企业的创新发展方面的作用，在未来的工作中能够重新认识商会，理解商会与民营企业发展之间的关联。

（一）深圳的知名民营企业

说到深圳的民营企业，就不得不提深圳灿若星辰的明星企业：华为、腾讯、海王集团……可以说，深圳是民营企业集中度最高、知

---

① 本文是作者 2017 年 6 月 6 日在武汉市干部培训班的讲课摘要。

名度最高、创新力最强的城市。由此产生了一个值得我们思考的问题：这些企业为什么诞生在深圳？这些企业在中国乃至世界都具有极高的知名度，国外可能很多人不知道深圳，但是知道华为，知道腾讯，很多外国人都在用微信，深圳企业的影响力甚至超过了这个城市。中国的一线城市不少，但是这样的创新型知名民营企业为什么没有诞生在其他一线城市？

有人说，因为深圳是经济特区，有良好的改革开放政策，但在中国，并非只有深圳是经济特区，汕头也是经济特区，而且汕头经济特区还有很多优势。潮汕人擅长经商，无论在东南亚，还是在欧美国家，都有他们活跃的身影，这是深圳所没有的。汕头的地理位置、区域面积、政策制度，并不比深圳差或少。珠海经济特区，从某种意义上来说，条件和深圳基本一致。再来看武汉，武汉高校密集、人才荟萃、工业基础扎实、交通便利，但是民营经济为什么没有成为武汉的名片？北京更不用说，作为首都，政治资源、经济资源、文化资源、社会资源都是一流的，但也没有出现这么多这么有活力的民营企业。

为什么是民营企业，而不是国有企业、外资企业成为深圳最闪亮的名片？过去，民营企业不仅没有良好的政策环境，面临的舆论环境、社会环境也不好；相比起来，国有企业要政策有政策，要钞票有钞票，要人才有人才。为什么偏偏是民营企业发展起来了？

不仅是中国，从世界范围来看，像深圳这样科技创新型民营企业众多的城市也少有。深圳的上市公司很多，上市公司的密集程度在中国无出其右。上市公司通常代表着行业发展方向，引导着发展潮流，规定着行业标准，预示着行业趋势，聚集着行业内最优秀的人才。所以有人说，在中国，最像硅谷的城市就是深圳，而且只有深圳。

深圳的神奇在于，它并非只有华为、中兴。如果说华为代表着深圳第一代民营企业，那么腾讯、比亚迪代表着第二代，大疆、华大基因则代表着第三代。几十年来，深圳的民营企业和民营经济高速发展，生生不息。现在，深圳在新的一轮竞争格局中，特别是在新兴战略产业的发展格局中，依然独占鳌头。在中国，深圳的新能源汽车发展状况是最好的，新材料、互联网、智能制造、无人机等发展也可圈可点。在新的时代，深圳的后劲依然充足，动力依然强大，民营企业的辉煌依然在延续。

不知道大家有没有去参观深圳的企业，参观后有什么感想？我相信如果深入实地去考察、感受、思考这些企业的成长历程，从不同角度深入思考深圳对民营企业到底起到了怎样的作用，一定会有所启发，对武汉民营经济的发展会起到十分重要的借鉴意义。

对于深圳民营企业的发展，有人从政治学角度观察，认为是政策因素、领导个人影响起了主要作用；有人从经济学角度去解读，认为主要是经济制度、经济政策、供求关系的推动；还有人认为，深圳民营企业的发展得益于优越的地理位置而发展出来的独特模式，由于深圳毗邻香港，近水楼台先得月，创造出了"珠江模式"，前店后厂，以香港作为出口的窗口，在深圳和广东其他地区进行加工。深圳有个老干部的解读非常有意思，也非常有道理，他说深圳得以迅速发展，原因是八个字——"官不扰民，民不媚官"。当时的深圳，官员太少，

企业太多，管不过来，所以就让他们自由发展，就是这种自由，给了企业巨大的发展空间。

这些解读有一定的道理，但是视角未免单一。从一个侧面来看，往往不能反映全貌，我们需要从更多的角度来看，才能接近事物的本来面目。我今天想从社会学的视角来观察、分析，希望能给大家一个新的思考维度，拓展大家思考问题的广度。

社会学是一门综合类学科，可以说社会学已经成为透视社会发展、了解社会动态、研判社会趋势的重要工具。社会学从社会结构、社会功能、社会机理、社会文化等方面，整体性、系统性地研究人与人的协作关系，及不同的协作关系决定不同时代人们的价值取向、思维方式和行为方式。

（二）深圳民营经济发展的社会学原因

1. 从社会阶层来看。2001 年，中国社会科学院将中国社会群体分为 10 个阶层。在 10 个阶层中，私营企业主阶层排在第三，个体工商户阶层排在第六。但是在深圳，深圳市政府、老百姓没有低看民营企业主，而是"对民营高看一眼，厚爱三分"。正是这种高看和厚爱，推动了民营企业的自尊、自爱、自强不息。从心理学来说，这叫正反馈效应。你怎么看待别人，别人就有可能变成你所期望的样子。民营企业家被寄予厚望，结果他们的激情、自信、才华和能量得到了巨大的激发。

几十年前，深圳如此尊重、珍视民营企业，甚至在某些领域给予了更多支持。早在 20 世纪末，深圳就成立了民营科技企业办公室。这一举措在中国是少见的，深圳市政府的勇气是巨大的，眼光也是长远的。

2. 从社会流动的角度来看。中国这几十年发生了大规模的社会流动，许多农民走进城市，城市化运动风起云涌。20 世纪 90 年代，人口流动最频繁的就是深圳，全国乃至世界各地的人，纷纷涌向深圳。深圳内部的流动也非常快，很多人从国有企业到民营企业，从政府单位走向民营企业，从外资企业到民营企业。流动会带来什么？"流水不腐，户枢不蠹。"流动意味着原有结构的破坏和新结构的重构，在破坏和重构中会出现颠覆式创新。

一个不流动的城市，要发展，是比较难的。美国发展的原因之一也是流动，全世界的人涌向美国读书、工作，带来了不同的文化。加利福尼亚曾经人烟稀少，因为一个在这里挖到金子的故事，全美乃至全世界的人抱着对财富的巨大渴望，潮水般涌向加利福尼亚。有人就会产生市场，催生各种产业，加利福尼亚就这样逐渐发展起来了。近几年，加利福尼亚的生产总值一直居全美各州前列。

上述例子是正面的，下面再来看看反面的例子。还是以美国为例，虽然现在从经济总量和科技创新来看，美国依然是老大，但也正因为在老大的位置上太久了，有学者认为美国社会已经进入了阶层固化、社会流动停滞、丧失活力的状态。熟悉美国的人都知道，其实美国有很多可待开发的土地和资源，但他们为了维持现状，拒绝外来人口对现有社会结构、社会秩序进行改变，宁愿放弃发展。很多城镇拒绝建设新的住宅，拒绝让大型企业进驻来促进经济发展，因为这样就会触及很多人的利益。比如造成房价下跌，造成原住居民的资产缩水；大企业进入，会造成很多外来人口涌入，造成交通拥堵或生活成本增加。这些都是原住居民反对的原因，他们不想自己稳定的生活中有不确定的因素。

美国社会阶层固化也非常严重，基本上到了可以根据邮政编码，判断一个人的生活状况和未来的地步。因为好学校在富人区，穷人区的学校是一般或比较差的，好学校里的学生是富人子弟，差学校里的学生是穷人的孩子，他们从小就被隔离开来，各玩各的，很少有交集。根据美国关于人口的统计，黑种人占美国总人口的13%，但几乎75%的美国白人没有黑种人朋友，因为他们都生活在白人区，从事高科技和金融相关的工作，几乎不会跟黑种人有交集。就像胜者通吃一样，马太效应让穷人和富人之间的差距越来越大，直到社会阶层固化。这种现象也在中国蔓延着，户口、教育、医疗等多个方面都存在着区别。

但在改革开放30多年后的深圳，仍处于社会流动较快，社会阶层还在形成的历史节点。一些人抓住了历史机遇，创造了世界闻名的民营企业，深圳也因此创造了改革开放的经济奇迹。

反观中国内陆地区的部分城市，思想观念、价值追求、驱动因素得不到快速更新，人们的生活方式、思维惯性和协作体系都有更长的制动距离。很多人可能一辈子就做同一份工作，生活的圈子可能就在从家到单位这个范围。一个专家可以一辈子就研究一个专业领域，但实际上社会是个复杂的系统，没有全面、多元化的认知，即使在一个专业领域钻得再深，就解决社会问题来说并没有太大作用。

正因为这些局限，中国内陆地区的部分城市不像深圳这样，各种新事物强烈地冲击和震撼着人们。与深圳相比，它们更像费孝通先生在《乡土中国》里所说的熟人社会。熟人社会里社会关系、社会结构相对固定，就像木心先生说的："从前的日色变得慢，车、马、邮件都慢，一生只够爱一个人。"因为流动太慢，行动也就慢了。

3. 从社会文化角度来看。深圳是一个移民城市，深圳人原来分为三种：客家人、潮汕人、广府人。这三种人的交流，奠定了深圳文化的基础。客家人相对保守，但是热爱学习，受中国传统文化影响极深，儒家文化底蕴较深厚。潮汕人擅长经商，充满商人的智慧，具备市场敏感性和经济头脑。广府地区自古就是通商要地，交易频繁，影响也非常深远。三种文化的交融，形成了独特的深圳文化的基础。正是这种独特的深圳文化，鼓舞和吸引了更多的外来学子、失意之人和有志、有识之士。

四川人、湖北人、湖南人，江西人、福建人等纷纷来到深圳，深圳也张开热情的怀抱，一视同仁，就像那句充满开放、包容情怀的标语一样："来了就是深圳人。"无论你来自哪里，当你踏上深圳这片土地的时候，你就是深圳人。正是这种接纳，给了外地游子强烈的归属感，也更愿意为了在深圳扎根而努力奋斗。

多元文化交会之地，常常迸发出创新的灵感和创造的激情，产生我们以前想象不到的奇迹。因为身份多元、文化多元，原来彼此都是陌生人，后来为了某种目标，参加社会活动，彼此联系和交流，形成了新的社会关系，所以深圳的社会活动，如企业的活动、老百姓的文体活动，都丰富多彩。这些丰富多彩的社会活动是深圳文化的外化，同时促进了深圳文化的发展和繁荣，增强了深圳城市内部人与人之间、机构与机构之间、组织与组织之间的交流和融合。

社会的变化也改变了人在社会中的定位。过去，很多人一生在一个单位工作，活动范围从出生到死亡都在单位大院里，在单位大院那堵围墙之内就是一个小社会。我把这个时期叫作组织社会化时期。随着社会的变迁、技术进步的推动，人从单位大院这堵围墙里被"释放"出来，成为独立于社会中的个体，这对我们如何定义自己是一次巨大的革命，同时开启了社会组织化时期，我们开始以不同的身份、不同的角色、不同的价值定位进入各种组织、各个圈层。未来，社会将变成有不断连接、交融、整合、建构的组织，整个社会由固定结构变成不断流动、不断变化的状态。当然，这只是一种非常理想化的状态。但是社会的整体趋势正在由确定走向不确定，由固态走向动态，这点是可以肯定的。

4. 从社会组织来看。人的社会化驱使我们参加更多的社会活动，社会活动必定需要一个主体来承载。正因为深圳的人员、结构和文化的独特性，促使深圳的社会组织数量庞大，而且发展非常迅猛，质量也居全国之首。许多人印象中的社会组织是指 NGO，实际上从广义上来说，社会组织包括政党、军队、学校、家庭等。就狭义的社会组织而言，目前深圳有约 10000 个社会组织，数量如此之多，正说明社会对其需求之切。但是，出于各种原因，很多政府官员、企业家和社会大众，甚至社会组织从业者，都没有深刻认识到社会组织的价值。

社会组织就是社会的细胞，激活了社会组织，就是激活了社会细胞，特别是商会，在推动经济发展中所起到的作用是非常巨大的。深圳民营企业和民营经济的发展，与深圳数量庞大、运营良好的商会的推动是分不开的。

由此引出我要讲的第二点：重新定义商会价值，是推动民营经济发展的关键。商会在经济发展中的作用无可替代。在市场经济中，如果有商会的协调整合，经济运行就会更加稳定。政府、市场和商会是经济协调运作的"三驾马车"，如果说政府是"有形之手"，市场是"无形之手"，那么商会就是"美丽之手"（详见《美丽的手》）。如果社会是一个人体，政府就是中枢神经，市场就是心血管系统，社会组织就是呼吸系统。一个健康运行的经济体系，"呼吸系统"是不可或缺的。

（三）商会的具体作用

1. 商会助力企业提升软实力。早在 21 世纪初期，深圳的企业规模比较小，一年能够营收两三千万元已经非常不错了。我当时开始做商会，从哪里入手呢？当时企业家向我反映最多的就是，没有经营企业的经验，也没有理论指导，非常迷惘，特别需要知识上的提升、理念上的指引。但是政府并没有这样的服务部门，民营企业就像没有爹妈的孤儿一样。从企业家的诉求里，我看到了商会的价值，也找到了商会发展的立足点。于是，我开始每周组织座谈会、研讨会、报告会，推动企业之间的交流和学习，同时请很多知名学者、管理学家介绍先进的管理理念，提供企业经营经验。当时企业家面临的共性问题有：该不该多元化，鸡蛋是放在一个篮子里，还是放在多个篮子里？高管该不该空降？薪酬体系该怎么设计？怎么进行股份制改造？……通过企业家之间的讨论、专家学者的引导，对民营企业明确战略方向、优化组织结构、推动有效管理、打造企业文化，起到了非常重要的作用。

当时参与商会组织的学习活动的企业家，现在个个都创造了深圳响当当的品牌，成长为行业领军者。当时深圳的商会并不多，只有几十家，就是这几十家商会，点燃了相互交流、相互学习、相互借鉴、相互帮助的火焰，商会举办的各种活动提升了民营企业的软实力。软实力不是厂房，不是设备，不是金钱，不是生产资料，而是价值理念、管理制度、组织结构和企业文化，是企业的根和魂。对企业来说，结构不设计好，何以立足？制度不设计好，何以发展？薪酬不设计好，何以持续？文化不设计好，它将走向何处？

2.商会帮助企业增加社会资本。和软实力是相对于硬实力而言一样，社会资本相对于货币资本等有形资本而言，是一种无形资本，它是一个人在一个组织中因声望、权威、信用等因素所形成的综合实力。社会资本能带来巨大的资源、品牌和影响力，从某种意义上来说，社会资本就是影响力。一个德高望重者，就是拥有巨大社会资本的人，即便他一贫如洗，但是他却能一呼百应。这种社会资本在社会组织中能够得以持续积累，最后成为"财富"。这也就可以解释为什么大家都争当商会会长，能成为商会会长，充分说明了这个人的情怀、道德水平、智慧、信用、能力，凝结的是巨大的社会资本。商会是培育、增强、提升企业社会资本的重要平台。

3. 商会提供良好的资源配置服务。每个企业的资源是有限的，每个人的资源也是有限的，但大家通常都怀揣着无限的梦想，企业都希望能成为百年老店。怎么将有限的资源聚合成无限的创造力？这就是商会的价值所在。如果说商会仅仅是一个资源平台，那么这样的平台可以有无数个。让企业全凭偶然和机遇去自发整合，商会主体性、能动性的缺失将极大地减损商会的能量和价值。所以我认为，商会不仅仅是一个平台，它实际上是一个服务提供者，它是站在产业、行业、趋势的高度上，通过自己创造性的劳动、创新性的服务，为企业的资源配置和整合提供帮助，为企业提供系统的智力、信息、资本、人才、市场和宣传等支持。

在提供资源配置和整合服务的大方向上，我认为大家要明确商会的角色：商会是设计师，需要对产业有整体性研判，对企业有战略性定位，找准方向、位置及独特的风格；商会是整合者，要以明确的目标、精准的节奏去整合有利于企业发展的要素，并进行有效配置；商

会是创造者，要创造新模式、新服务、新产品，甚至是新的文化；商会是引领者，要引领资源的流向、观念的转变，引领企业去睁眼看世界。如果能够做到这些，商会将从平台、"桥梁"、"纽带"的现有印象中挣脱出来，以新的形象出现在市场和大众视野内，从而为商会的发展开启新的时代。

（四）商会如何推动民营企业的发展

1. 理论上的商会经济价值

从理论层面来看，商会的经济价值有四种，呈阶梯式。

第一，平台价值。商会整合各种资源，搭建各种平台，为企业提供信息、人才、资金、培训、市场等。

第二，方案价值。设计产业的发展模式、行业标准、发展路径等。有报道称，行业协会在市场经济转型升级中，应该走在潮头，因为他们最了解企业的生存发展，他们最了解企业所面临的困难，他们最了解企业的诉求。

欧洲的行业协会提供的是专业服务，担任行业协会顾问的是顶级专家，在产业政策、战略方向、行业标准制定等方面，他们的意见具有至关重要的作用。他们的服务包括资质的鉴定、评审，认证都是职业化、专业化运作。另外，德国实行双元制教育，双元是指高校和企业，双元制教育是指将在院校学习与在企业的职业培训或实践融合在一起。

金融危机后，我跟欧盟某主席交流，我问他德国经济有没有受到巨大影响。他告诉我，影响并不如外界所想象的那么大，主要是因为德国小企业多，占企业总数的99%。小企业就像山上的小树，小树非常茂密，不容易造成水土流失，还能保证大树的稳固。而且德国的双元制教育使人们在学习中工作、在工作中学习，确保了德国工人的素质及抗风险能力。这就是德国行业协会在行业，甚至在整个国民经济高度进行服务的价值。

第三，模式价值。模式凝结着人们的思想精华。我们讲的"珠江模式"，背后其实也蕴含着对商业格局的思考。我会提供很多服务模式，是将碎片化的、点状的服务整合之后，为了易于理解、易于传播而总结出来的。比如"麻雀变凤凰模式"，指的是推动企业上市的全流程服务，是通过帮助几十家企业在海内外上市总结而成的模式。这个模式启发了后来的基金模式、金融俱乐部模式和创投委员会模式。所以模式不仅可以提供复制的"工具"，也是一种思维方式的原点，能够在这种模式的基础之上延展深入，衍生出更多模式。

第四，引领价值。要成为引领者，对商会的挑战非常大，需要商会的领导者、工作人员不仅是专家，更是杂家；不仅是人才，更是通才。引领者要对环境有判断力，对市场有感知力，对趋势有预示力，对资源有掌控力。引领什么？引领价值、方向、战略和未来。要成功做到引领，需要比企业家站得更高，看得更远，得有说服力，还要有感召力和影响力。能够成功做到引领的人，大都不是一般人。

2. 民营企业的主要困难

要服务好民营企业，就要了解民营企业的诉求和困难。通过多年商会工作的经历，多年与企业家打交道的过程，我总结了民营企业的几大主要困难：

第一，融资难。当前很多企业都处于焦虑期、彷徨期、恐惧期。各级政府收集的民营企业报告，估计绝大部分第一条都是融资难问题。如何解决？在产业转型升级的过程中，我觉得最重要的是直接融资，就是要发展创投基金，发展创投公司。如果一个城市想发展科技，必须要有创投基金。历史证明，只有直接融资，才能解决企业成长的普遍性问题。

还有的小企业，一是靠自己，二是靠朋友。深圳市政府每年都有支持企业的资金，其他很多地区的地方政府没钱，如何来支持？政府没办法支持，小企业在初期就只能靠从家人或者朋友那里借钱。

政府的支持有多种：一是补贴，二是政府建的园区免租或者减租。但现在最好的融资方式是依靠创投基金。也有很多采取贸易融资，即互相欠债。当然，银行也在不断创新产品。融资难问题是民营企业共同面临的问题，也是最大的问题。

第二，成本居高不下。在低利润的情况下，成本还在一直往上走，尤其是高房价所带来的巨大成本。所以房价不跌，转型升级步履维艰。在深圳，同一套房，5 年前可能是 10000 元 / 平方米，现在可能要 60000 元 / 平方米，甚至更贵。房子越来越旧，位置没变，房价却上涨了几倍。如果想在中心区租一个办公室，光房租成本一年就几十万元，公司养人还要几十万元。武汉的房价也不见得低。房租成本、人工成本、物流成本等都在攀升，产品价格却大都在下降。税费压力也比较大，无论是个人所得税、企业所得税，还是营业税。

在深圳，现在创业成功的方式和10年前截然不同，生活成本也如此。现在很多年轻人在南山区、福田区工作，但住在龙岗区、盐田区，每天上下班，地铁加公交来回约4个小时。一个月才五六千块钱的工资，扣完个人所得税，还要交房租，即使租住在偏僻的地方，房租也要1000块钱左右。再加上吃饭，女孩子还得买衣服，所剩无几。很多创业者都说，这100年，都买不起房子了。这是对创业者信心的巨大打击，因为成本实在太高了。

民营企业成本升高，利润不多，如何发展？靠"滚雪球"是没法发展的，想借钱也借不到。整个社会面临高成本生产、生活的问题。

第三，人才缺乏。今年有约790万的应届毕业生走向社会寻找工作，还有很多人找不到工作。而现在深圳很多归国留学生的工资才5000～7000元。一年700多万大学生毕业，企业却招不到人才，因为学校培养出来的毕业生不太符合企业的要求，很多都是空有学历，没有能力。而且现在很多孩子的心态和60后、70后的心态不一样，他们要好的工作环境，要好的待遇，而且还不想干活。企业连招普工都非常难，谁都不愿意干，招个大学生，他又干不了。企业培养一个大学生，培养了两年，他就跑了，谁出价高，就跑到谁那里去。这种问题该怎么办？

深圳怎么办的？①补贴房租；②有本科学历的，直接入深户；③

建立大量的创业园，由政府进行补助。深圳还有一个大招，叫作"孔雀计划"。每年几百万大学生毕业，企业却招不到合适的人才。为了吸引国外的人才，深圳每年花几亿元"买"人才，"买"团队，只要符合条件，一次性给几千万元的专项资助。这也说明了中国缺乏具有国际科技前沿知识的人才，大学培养不出来，培养方向不对路。

什么是人才？只有合适的，才是人才。真正合适的人才，所需费用特别高。

第四，创新动力不足。原来的民营企业大多是靠模仿，靠加工制造。因为创新的风险太大了，有钱的不想创造，想创造的却没钱。像华为一样每年花大量的钱去研究的企业非常少，所以我们缺乏原创技术。而且吃惯了"快餐"，赚惯了热钱，急功近利的文化依然盛行。

第五，企业转型升级难。怎么转型升级？由功能产品向体验产品转型，由工业产品向信息化产品转型，由传统制造向智能制造转型。智能制造是好东西，也是坏东西，因为智能制造将替代大量人工制造，很多原来由人操作的工作岗位都将被机器人替代。那人会怎么样？贫富差距会继续拉大，被机器人取代的人很可能变成了闲人、废人。如果在法律、道德上不加以界定的话，可能在10年后就会出现这样的情况。

深圳已经出现机器替代人类的事情了。在网络化、智能化、数字化的关口，政府该做什么？行业协会该做什么？

企业之间要连接，企业与商会之间要连接，政府、企业、商会也要连接起来。把过去的全部打碎，再重构，重构组织方式、管理方

式、价值理念、价值体系……还要融合各方面的资源、信息，才能
度过这一关。

3. 商会推动民营企业发展的方式

第一，举办展会。商会以开展活动为主，将活动和商业运作结
合得比较好的一种形式就是举办展会。办得好的展会一般都是商会办
的。举办展会是商会主动整合资源，为企业开拓市场提供的有创造性
的服务。据统计，在全世界的产品销售中，展会的订单占了70%。也
就是说大部分订单是在展会中实现的。国际消费类电子产品展览会
（CES）是全球最大的消费电子展，人们通过这个电子展实现了全球
市场80%的订单。该展现由美国消费技术协会（CTA）主办，创始
于1967年，迄今已有50年的历史，每年1月在世界著名赌城——
拉斯维加斯举办，是世界上规模最大、影响最广泛的消费类电子技术
年展，也是全球最大的消费技术产业盛会。该展专业性强、贸易效果
好，在世界上享有相当高的知名度。历年的CES展会云集了当前最优
秀的消费类电子厂商和IT核心厂商，他们带去了最先进的技术理念
和产品，吸引了众多高新技术设备爱好者、使用者及业界专业人士。

国内最大的家具展就是广东的家具协会办的，最大的服装展是深
圳市服装行业协会办的。中国70%的展会都是协会办的，世界上其
他国家也是如此。

第二，招商引资。商会已经成为招商引资最重要、最有效的渠
道之一。商会了解企业情况、产业状况，企业也信任商会，所以政府

要到某个城市招商，首选合作对象就是商会。政府购买这种形式的服务，比政府去组织人员、协调场地、现场调控，实在是要高效得多，也更能产生实际成果。商会在招商引资领域可以不断创新思路、创新模式，在推动企业与政府的了解与合作的同时，通过信息、资源对接，寻找属于商会发展的空间。比如广东高科技产业商会就跳出传统招商引资模式，不走形式化的招商路线，而是以"商会智库"为主体，让商会既有实战经验，又有兼具产业视野和商业智慧的企业家，在产业发展、布局、城市规划设计、文化品牌塑造等方面，就具体问题、具体项目进行深入交流、广泛研讨，既推动投资，又启发思维。商会精准掌握企业与政府合作的动态和进程，以协调者、服务者的角色参与合作，推动地方政府与其他城市在信息、资源、市场、人才、资本等方面的交流与合作。另外，商会不仅推动企业投资，也引导资本流入，帮助当地企业发展，以商会创投委员会为主体，让内陆地区的政府不仅到深圳来推介产业政策，同时带领有发展潜力的具体项目和企业到深圳寻找资本。思维方式的转变带来招商模式的创新，而创新是商会在新时期最重要的挑战和任务。

第三，召开会议。商会办论坛、研讨会等活动，都会产生会议经济。会议不仅是商会服务的重要内容，也应成为商会创新研究的重点课题。会议办得好不好，直接关系到会员对商会的评价。我会每年举办几次大活动——千人年会、常务理事中秋联谊会、科技发展论坛等，已经成为我会最有辨识度、最具话题性的活动。正因为有成功案例，商会的会议经济得到众多会员的认同，商会的会议也成为一个很好的交易平台和宣传渠道。

第四，旅游经济。大家都在做，凭什么你做的能吸引人，凭什么你能做好，关键还是创新，还是在于敢不敢尝头啖汤（第一口汤）。在国内，我带领企业家闯关东、走西口、下江南、出海口、挺进中原，与31个省区市建立起广泛的联系。在国外，我带队去过80多个国家和地区，和几十个总统进行交流，通过技术交流、名校学习、文化体验、企业互访等加强联系，促进合作。从今年开始，根据国家战略，广东高科技产业商会计划带领会员重走"一带一路"，在4个方面进行深度体验：①和政府谈战略合作；②和企业谈项目合作；③和金融机构谈资本合作；④进高校谈中国文化。

第五，建立园区。很多商会组织会员在省外建立工业园区、科技园区、创业园区，在建设、招商、运营、服务等方面形成完整的产业链。这个产业的市场前景也是值得想象的。

第六，金融服务。2001年，我会成立了信用互助会，推动解决企业的融资问题。2007—2015年，我会成立了6只基金，来解决科技企业和科技项目的融资问题。2015年，我会成立金融俱乐部，有50多名金融专业人士帮助解决企业经营管理、上市融资、市值管理等问题。今年，我会组建了创投委员会，主要为科技含量高、技术先进、成长力好的中小型科技企业提供投资，帮助科技企业成长。

由此可以看出，商会属于新型服务业，社会组织的市场空间巨大。如果把全世界社会组织所创造的生产总值加起来，总量应该在全球经济体中排在前十五名。

现在，我国已经注册的各类社会组织应该超过了 160 万家，加上没注册的，至少有 600 万家；中国的企业数量超过了 1000 万家。这样的分量，大家可以自己掂量一下。

商会在市场经济和民营企业发展中的作用无可替代。作为一个创新主体，商会能够通过创造性劳动，为经济发展和企业发展提供多元化、高含金量的各种服务，创造巨大的经济效益。

4. 商会与政府的关系

希望大家一定要重视商会的价值，通过激发、挖掘商会的价值，与商会形成良好的合作关系，共同推动民营经济的发展。这对政府是一个非常重要的课题，也是不能不去研究的课题。对此，我有几点建议：

第一，在今后的表述中，不要再用"桥梁""纽带"这样的词。这对市场是一种误导，对社会大众也是一种误导，对商会甚至是一种伤害。要转型升级，首先是认知的升级、观念的升级和思想的升级。

实际上，商会是富有激情、创造力和精气神的主体。我们如果要经商，一定也是不错的企业家，但我们放弃对财富的追求，放弃对名利的追求，以满腔热情投入商会这个领域中。我们都有较高的学历，有不错的背景，也有其他的选择，但我们选择了做商会。这是因为我们有为别人服务的精神——利他精神，是应该得到弘扬的。

第二，处理好商会和政府的关系。现在已经进入社会主体多元化的时代，政府是一个主体，市场是一个主体，社会组织是一个主体，主体之间更多的应该是合作。把商会变成政府在发展经济、完善社会治理结构、提升社会治理能力中的伙伴和帮手，形成良好的合作关系，必定能达到事半功倍的效果。不同的主体有不同的解决问题的思维方式，用政府思维解决不好的，可以交给商会。实践已经证明，商会能够很好地完成政府做不了、做不好的部分工作。

第三，将商会当成新型服务业去支持，推动商会的发展。过去，政府曾将财政资金用于支持企业，推动某个产业的发展，但支持商会发展的资金非常少。深圳市政府在这方面做得非常好，对于初创的社会组织，给钱，给场地，给政策，给予足够的耐心去培育。深圳民营经济发展到今天的规模，新增就业贡献率 90% 以上，经济贡献率 60%，税收贡献率 50%。今天的商会也需要政府像厚爱民营企业一样，5 年、10 年之后，社会组织一定会还政府一个奇迹。

第四，政府在制定各种政策的时候，要充分听取行业协会的意见和建议。一般情况下，政府调研就是找几个企业调研，而且是比较好的企业。这些企业并不能完全代表行业发展的状况。谁最了解企业，最了解行业？商会。在行业调研、产业政策制定、招商引资等方面要走专业化道路，就需要商会的协助。

建议政府转变思路，特别是招商思路。仅仅招几个企业过去，会存在巨大的风险，会带来一系列问题。比如招了一家制造业，建设需要时间，建好以后产品投入市场还需要时间，等全部流程完成，一般需要两年。人生有多少个两年？市场有多少个两年？两年时间，产品的市场空隙和时间窗口期可能已经没有了。对于企业来说，所有的资

金都投入固定资产了，没有流动资金，如果得不到金融支持，就只有死路一条。

人们常常觉得外国的月亮比中国的圆，外来的和尚好念经，看别人家儿子长得帅，却忽视了自己家如花似玉的大姑娘。也许在当地，就有很多美女"长在深闺人未识"，武汉一定也有很多好企业，你们完全可以换一种思维方式，让好企业到深圳来融资。深圳有 5 万家创投基金，2 万亿元创投资金专门用于股权投资，为什么放着这么好的路不走呢？我会的创投委员会将定期举办路演，在我们的路演中心进行全球路演，线上、线下的国内外创投都能看到，这不仅为企业提供了巨大的展示舞台，获得国内外资本青睐的机会，也是一次很好的展示城市风采的机会。

21 世纪初，网络不像现在这么普及；但是今天，离开网络，我们几乎无法正常生活。以前用大哥大，觉得能一直用到老；现在人手一台智能手机。科技的发展一日千里，在这个变化的时代，一切都会变化，唯一不变的就是变化。如何在变化中寻找适合自己的方法，无论是政府、市场，还是社会组织，都面临着这个问题。

第四章

理论探路

一、从五个学术视角看社会组织 [①]

（一）经济学角度

　　经济学主要研究什么？简单地说，就是研究投入与产出之间的关系。在投入与产出的关系中，社会组织如何体现经济价值呢？目前商会经济已成一定气候，拿广东高科技产业商会来说，我们现在有6只基金，累计金额几十亿元，主要包括PE（私募股权投资）基金、引导基金及兼并重组基金，这几十亿元能产生多大的价值，大家可以算一算。

　　第一，社会组织对市场的价值。

　　我知道很多商会也成立了控股公司、投资公司，举办各种展会，带领很多企业在国内外展览，这些展会为企业提供了很多市场机会、信息、技术合作。这种价值到底有多大？大家也可以算一算。这就是社会组织经济，它与其他经济形式有很大的区别：①运作的资金规模不小；②给社会创造巨大的财富，但社会组织不从中分利，这是社会组织的非营利性、利他性的集中体现。正因为如此，社会组织具有其

---

① 本文是作者2016年在社会组织培训班的演讲摘要。

他主体所不具备的权威性和凝聚力，虽然社会组织失去了物质利益，但是赢得了尊严和尊重。

第二，社会组织对政府政策制定过程中的影响力，对经济发展是一种无形的推动力。

商会密切联系着市场、企业，政府在制定经济政策时应该听取商会的意见和建议。目前是商会主动找政府，而发达国家是政府主动找行业协会。我认为，宏观战略应交给政府，中观的产业战略应交给行业协会，微观的则交给市场。这样"各安其位"，经济的齿轮方能正常连接，发挥最大的效能。

第三，解决就业。

在发达国家，社会组织解决就业达到整体的 10%，我们国家至少达到 5%。美国大部分大学都是社会组织，而不是政府投资；还有医院、养老院、福利院，以及各种基金会，它们解决了大量就业问题。所以大力发展社会组织，对发展经济、社会进步能起到积极作用：①解决就业。只有就业，才可能满足生活需要；只有就业，才可能带动消费。②提供公共产品和公共服务。③社会组织之间的跨国合作，能推动民间交流和合作。

在商会内部，通过联谊交流等不同的活动形式，推动会员之间信息、项目、管理、资本的全面合作。如果深层次分析这种活动形式，一定会惊叹于社会组织的价值潜力。

社会组织在经济中的贡献是成本最低、收效最大的，它投入的是无形的社会资本，产出的是有形的社会产品和社会价值。投入的是友

情、信用、形象、品牌等，通过这些"软"的生产要素，产出实实在在的产品和经济价值。划算吗？肯定划算。这就是从经济学角度看社会组织。

（二）管理学角度

管理学主要研究管理的对象、手段、质量、效率等。从这个角度来看，社会组织对社会管理到底起到什么作用？比如说行业管理，如果政府直接进行行业管理，深圳市几十万家企业都交给政府来管，管得过来吗？管不过来，也管不好。所以才会出现行业组织，行业组织能对行业进行有效的、高质量的管理。

过去，中国有些地方的农村是通过村民自治，用族规、乡约等来实现管理的。现在，举个例子，比如两个企业产生纠纷了，怎么处理？找政府，它管不过来；打官司，成本高、时间长。民间的做法是摆一桌酒，吃好、喝好了，问题就解决了。这是一个形象化的说法，就好比家族里遇到问题，肯定是找个德高望重的人来处理，这种处理方式成本很低、收效很高。

再举个发生在商会的例子。我会有两个会员在合作过程中产生了1900多万元的经济纠纷，大家各不相让。后来找到商会，我详细了解情况后，跟他们讲了处理问题的三个原则，第一讲感情，第二讲胸怀，第三讲未来。我说，如果你们认同，我就来调解；如果不认同，你们法院见。结果，我们只用了一个下午，就解决了这件事。如果要诉诸法律，官司可能两年都打不完，而且对双方的企业形象和持续发展都会产生不小的负面影响。

在行业管理、社区管理、社群管理方面，合理自治的成本很低，但是效果非常好。从管理的效果来看，社会组织管理的方式是以情动人、以理服人、以德信人，这种处理方式没有硬伤，不会使对方受到损失，也不会使尊严受到影响。行业协会处理行业内部的事情，社区、居委会或者管理中心来处理民众之间的问题，具有独特的优势，管理成本非常低，管理效果非常好，管理质量和管理效率非常高。

（三）社会心理学角度

社会心理学研究个体和群体在社会相互作用中的心理和行为发生及变化规律。人的思想受环境的影响。心理学家曾做过一个试验，让几名老义工在小偷群体里潜伏，结果这些小偷受到义工的影响，慢慢地，就不再偷东西了。

随着社会组织的迅猛发展，出现了各种各样的善人、善事，助推社会风气持续向好。从心理学角度来看，善的理念和思想的传播，会潜移默化、润物无声地改变人们的心理，心理变化促使人们改变行为，从而缓解社会矛盾、平抑社会危机、促进社会和谐。这就是心理对环境、行为、文化等的影响。在这个过程中，社会组织任重而道远。

（四）社会学角度

社会学研究的是社会流动、社会互动、社会阶层、社会角色、社会合作、社会组织、社会制度、社会变革、城市化进程等。社会学包罗万象，我仅从社会稳定的因素来展示社会组织的意义。社会稳定涉及社会化的过程、社会福利、社会保障、社会分工和宗教等。

什么叫社会化的过程？当人呱呱坠地的时候，他是完全的生物性个体，慢慢地长大后，父母或老师会告诉这个人不能打别人，上课要认真听课，等等。这就开始了最初的社会化。如果在一个人的社会化过程中，他看到、听到、接触到的都是善良、仁慈、爱心、友谊，他会认为世界是美好的，会立志做一个正直、善良的人。而社会组织做的是善事、利他的事，一定会对营造良好的社会风气产生正能量。

（五）哲学角度

有人说，哲学是所有科学的基础。社会组织与哲学有什么关系呢？我在前文中反复提到的社会组织的利他性也好，以情为本的管理模式也好，对社会心理的影响也好，都说明社会组织的内在属性是偏重于精神的，它更接近形而上的存在。我用"美丽的手"来比喻社会组织，就是从美学角度来具象化社会组织的哲学性。

二、哪里是实现梦想的地方 [①]

今天我要和大家分享的是关于社会组织的话题。一走进深大，我就强烈感受到青春的热血扑面而来，毛主席诗词中"问苍茫大地，谁主沉浮"的豪情，"恰同学少年，风华正茂"的激昂在你们风华正茂的青春里，当然"谁娶了多愁善感的你 / 谁看了你的日记 / 谁把你的长发盘起 / 谁给你做的嫁衣"的心事与诗意浪漫也在你们悸动的心里，这些都是青春独有的财富，是理应珍视，让它们"发光""发亮"的。深大的学子脚踩深圳这片最具创新力、最有活力的热土，更应有无限热情与创造力，视野要更开阔，理想要更高远，价值要更多元。希望我今天分享的内容，能够为你们打开又一扇通向理想和未来的窗口，能够为你们实现价值、丰富人生提供更多信息。如此，于我，算是功德一件；于你们，也没有浪费今天的时光。

（一）职业规划建议

曾经有一位大四的深大学生，对未来的规划很迷惘，对职业选择充满困惑。他来征求我的意见，不知道是该留在深圳，还是回老家；不知道是去做公务员，还是去企业；不知道是该就业，还是去创业；

———————

① 本文是作者 2017 年在深圳大学的演讲摘要。

不知道是找一份舒适的工作，还是找一份能够锻炼自己的职业。我想这位同学的困惑、迷惘与纠结，也同样摆在你们面前。对此，我只有两个建议。

第一，选择一份你喜欢的工作。无论钱多钱少，无论行业贵贱，一定要选择你喜欢的。喜欢它，才会有激情，也才会有所作为。

第二，创业之前先好好认识自己。有没有冒险意识？心理素质如何？遇到挫折能否坚韧不拔？给自己打个分，三项加起来，如果不及格，建议暂时不要去创业。

树立目标、做好人生规划非常重要，但并不是说所有事情都要完美无缺、万无一失之后才开始，如果抱着这样的心态，那就永远开始不了，永远在规划，永远在变化。给大家的建议是，走出去，先工作。初次就业，是人生中一个阶段性、过渡性和探索性的行为，它不会决定你的终生，不会影响你未来的发展。人生很长，哪里都是起跑线，特别是现在这个时代，一份职业做到老、一份工作做终生的可能性几乎没有。也许你们会经历很多职业，做很多工作，跨越很多领域。我就是不断在跨界，我的专业是药学，大学毕业后被分配到药房工作，我觉得不合适，就到了自来水公司，结果还是觉得不合适，就进了药厂，接下来又从药厂到了政府，再接下来做了商会，我还组过乐队，当过歌手，做过专栏作家，制作过节目，担任过主持人。经历了如此多的职业，才成就了做商会的机缘。

（二）选择职业的注意事项

第一份工作非常重要，但它并不是决定人生成败的关键。投向社会的汪洋大海，不断扑腾，锻炼水性，最终一定能乘风破浪、傲立潮头。希望大家能够明确几点，抓住人生的关键节点。

1. 选择企业不重要，选择行业很重要

如果选择已经进入成熟期，市场非常饱和的传统行业，相对来说，机会不大。对于快速成长的行业，快速成长的公司，就意味着经常一个人被当成多个人用，因为人才的到位速度往往赶不上公司发展的步伐，但这也意味着有许多个人发展机会。进入世界五百强企业，对很多应届生而言，可能有着非常大的吸引力。它们国际化的视野、规范化的管理，对刚毕业的学生建立良好的职业习惯和职场思维大有裨益，能为以后的发展提供基础和平台，而且待遇不错。不过我认为，不要过分盲目地追求进入世界五百强企业，选择一个行业往往比选择一个企业更为重要，很多时候，机会大于能力。

2. 做什么很重要，但是为什么做更重要

很多人都听说过三个石匠的故事：一个人遇到三个石匠，问他们在干什么。其实他们三个人表面上干的都是一样的，但三个石匠的回答是不一样的。第一个石匠说，他终于找到了一个不错的饭碗。第二个石匠说，他做的是方圆几十里数一数二的石器活儿。第三个石匠

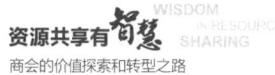
说，他在建大教堂。

管理学家经常用这三个石匠的回答来比喻三种做企业的境界。用通俗的话来说，第一个石匠和第二个石匠做事的动力来自很具体的、阶段性的生存或生活目标，而第三个石匠的回答是为社会做出贡献，是为了荣誉感和自豪感，是对事业终生追求的美好憧憬。

什么叫"大教堂"？大教堂跟一般的小教堂不一样的是，它从开工之日到完工之时，往往需要一两百年，甚至两三百年。科隆大教堂建了几百年，始建于1248年，1880年才完工，至今修缮工程不断。有一个词叫"大教堂思维"，就是说在做一件事情的时候，哪怕自己看不到这件事的完成，但知道自己做的事是跟一个宏伟的目标连在一起的，会产生一种强烈的使命感。三种回答，三种思维方式，三个目标，三种境界。这就是不仅要知道自己做什么，更要知道为什么做。

3. 问自己三个问题

第一，我最感兴趣的是什么？你可能从小就开始被问这个问题。答案可能会有调整，但不变的是真正感兴趣的是什么，什么是即使没有回报、不能马上得到回报，还乐此不疲的那个东西。

第二，我擅长的是什么？有的是很感兴趣，但事实证明不擅长的。比如说我很想成为一个钢琴家，但我的乐感有问题，那这就是不擅长的，要调整。

第三，这个世界到底需要什么？也就是说这个世界到底有哪些问题，有哪些问题是真正需要解决的，这些问题里包含哪些机会，我做什么事情能够帮到别人，对世界有贡献。

思考这三个问题，能够帮助我们找到自己的内在动机和长远目标。如果这三个问题的答案重叠的部分能成为你的行为动机，为了实现长远的目标，即使遇到许多困难，经历许多挫折，你也不会因此而懈怠和痛苦，不会因为阶段性的目标不能实现而沮丧和焦虑。

4. 准确理解自己所处的时代和环境

这是一个科技迅猛发展的时代，是一个跨界融合的时代，是一个分享共赢的时代，是一个情商和智商并重的时代，是一个利他比利己更重要的时代，是一个理想比现实更重要的时代。在这个时代，大家要有科技观念、跨界融合能力、心理洞察能力和利他精神。

能够给大家提供成长和机会的，除了大家非常了解的政府、企业之外，还有一个广阔的世界等待你们来认识，还有非常精彩的舞台期待你们的表演。接下来，我给大家介绍社会组织。

5. 什么是社会组织

第一，社会组织属于新型服务业。社会组织在中国真正意义上的发展就是近十几年的事，深圳可以说是最成熟的地区之一，有约10000个社会组织。可能你们理解的社会组织，更多的是做义工、敬老扶贫，实际上它的服务领域非常广，主要分为以下几类：一是社团类，如行业协会、商会；二是民办非企业机构，哈佛大学、耶鲁大学都是社会组织；三是基金会。

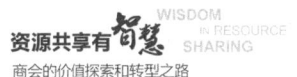
第二，社会组织提供了就业和创业机会。当你走出校门，就会看到经济、文化、科技、卫生、教育等各领域都有社会组织，每个行业都有协会或商会。我们可以把政府比喻成中枢神经，把市场比喻为心血管系统，社会组织就是呼吸系统，所以社会组织非常重要，未来会越来越重要，蕴藏的机会也会越来越大。

第三，社会组织提供既多元又专业的服务。美国社会组织创造的生产总值占美国 GDP 的 10%，解决了 10% 的就业，现在深圳有几十万人从事社会组织工作。全世界 70% 的展会，都是由社会组织主办的。现在很多行业协会，都有配套的投资公司，这些投资公司创造了巨大的效益。广东高科技产业商会就有金融俱乐部，为想上市、需要融资的企业提供方案、资源和各种要素，推动多家公司在海内外上市，推动投资近 100 亿元。

第四，社会组织对人才的要求非常高，更是人才成长最好的"熔炉"。想成为社会组织中的一员，必须有意识地提升以下几个方面的能力和素质：①组织能力。所有的社会组织都需要组织人才，在学生会工作过的人，是社会组织特别青睐的人才。②表达能力。社会组织的基础工作就是与人打交道，与人交流需要良好的表达能力。能够有效表达思想，能够感染人，良好的口才是做社会组织工作的敲门砖。如果在校期间参加过演讲社团，受过演讲训练，从事社会组织工作就能驾轻就熟、如鱼得水。③整合能力。现在很多学生想创业，但是没关系、没钞票、没背景、没资源，怎么办？靠整合。怎么整合？一是要有整合思维，二是要有整合能力。整合能力是综合能力，对未来有想象力，能描绘蓝图，善于讲故事，能把握心理、掌控局面、说话得体、沟通有效。在社会组织，这样的机会非常多。④良好的心态。在商会工作，打交道的都是企业家，可能都是比你有钱、比你地位更高、比你知识更丰富、比你资源更多的人，与他们打交道，可以让你站在更高的位置，拥有更开阔的心胸，养成处变不惊的心理素质。同时，在这样的环境下，看到的多是阳光的事物，感受的多是温暖和正能量，有利于保持积极的心态。

希望大家能积极参加各种社会活动，积极投入社会事务中，在学校一定要加入社团、进入学生会，寒暑假多参加社会公益活动，奉献自己的笑脸、知识、时间和热情。社会组织是修身养性、锻炼人格、坚强意志、实现梦想的精彩舞台。在社会组织的舞台上，每个人都可以是主角，每个人都可以演绎精彩的故事，每个人都可以绽放美丽人生。

即便未来你们不从事社会组织工作，但你们的生活必定会和社会组织有交集。我今天的分享，是希望能让你们更多地了解社会组织，并能加入社会组织。大家共同将社会组织建设得更好，造福社会。你给我一个机会，我给你一个平台；你给我一次邂逅，我给你一份精彩。

精 彩 问 答

主持人 感谢王博士为我们带来的精彩的思想盛宴！您刚才说到要服务于社会组织，除了需要组织能力、表达能力、整合能力、良好的心态外，还需要什么？

王理宗 太多了。要把事情做大，能力就要越大，除了组织能力、表达能力、整合能力、良好的心态外，还有协调能力、想象力、创造力等。

主持人 现场的同学，应该有很多问题想问王博士。能否给几个机会，让他们像我一样幸运，与您近距离沟通？

学生1 王博士，晚上好。我是深大研二的学生，连续将近6年时间都在接触公益行业，小到社区，大到NGO。这么多年公益行业的经历，我觉得公益行业无论是对于身心，还是对于个人发展，都很好。唯一让我有疑虑的地方，就是薪酬。有情怀，但是"面包"在哪里？

王理宗 怎么解决钱的问题？

学生1

公益行业是很好，但就是没钱。到公益行业工作，可能起薪不会特别低，但它在未来发展和晋升方面，都比较有限。就这方面的问题，您是怎么认为的呢？

王理宗

其实每个行业，都有工资高和工资低的。并不是在企业，你就能获得高工资；也不是在政府，你就能获得高工资。公益事业目前还在发展的初级阶段。但是我相信，随着中国国力水平的不断提高，人们生活水平的不断提高，社会的创富能力不断提高，从事公益也一定会有高工资、好的回报。

学生1

另外一个问题，可能是在场的同学都比较感兴趣的一个问题，就是如果去您商会工作，薪酬方面是怎样的？

王理宗

我们商会有两种工资，一种工资是理想，一种是支票，金额自己填（开玩笑）。广东高科技产业商会的薪酬待遇一定是行业协会中最好的之一。

学生1

接触公益行业久了之后，感觉理想当然是这个行业所需要的，理想、情怀，甚至需要一些天真。但我们帮其他人和社会解决了一些问题，那"面包"谁帮我们解决呢？

王理宗 　　要用发展的眼光来看问题。我们当时来深圳，条件非常艰苦，住铁皮房，一个月几十块钱工资，甚至连饭都吃不上，和现在比，简直就是天上、地下之分。但是我很感激过去那段艰苦的岁月，越是艰苦，越是激情燃烧。人真的是很奇怪的，可以为了理想忍饥挨饿，为了期待中的未来筚路蓝缕，这是人类进步最原始、最本真的动力，最终时代的发展一定会给予丰厚的回报。我对此深信不疑，也希望大家抱着这样的信念，珍惜现在的艰辛，回首时才会有不褪色的记忆。

　　王博士，您好。我也有做公益，一直在思考一个问题，想请教一下王博士，您怎么看待用商业模式去运营公益事业？ **学生2**

王理宗 　　非常好，现在倡导的就是要用商业模式去运营公益事业，这种做法在西方已经非常成熟。如何用商业手段募集更多资金，如何用金融的方式把它放大，用什么方式把这些资金投向社会，投向最需要的地方，发挥最大价值。很多人对社会组织、慈善公益还有误解。社会组织是非营利组织，非营利并不是指不能赚钱，而是赚了钱不分红，要用于社会组织的持续发展。慈善公益事业同样如此，并不是简单地给钱，而是通过商业化运作，给技术、模式、市场，才是更大的慈善。"授人以鱼，不如授人以渔"，我相信，慈善公益事业的商业化运作会越来越成熟，为社会带来更大的福祉。

学生 3

王博士，您好，我是深大土木工程学院毕业的，现在在深大保卫处工作。我是五华人，加入了广东省五华商会。我非常认同您说的，听了您的演讲，感到自惭形秽，希望能向您学习更多的东西。我觉得如果深圳的商会都能有王博士这样运筹帷幄、分寸拿捏和组织交流的能力，一定能发展得更好。我提一个具体的问题，如何让商会更有活力和凝聚力？

王理宗

一个商会能否办好，有两个关键人物——会长、秘书长，会长有情怀，秘书长有能力；有一件关键事情——制度设计。设计好制度，完善服务体系，花钱招揽人才。和企业一样，做好这几件事情，商会就会慢慢走上正轨。

深圳市成都商会副会长兼秘书长

我是深圳市成都商会副会长兼秘书长。今天来这里，是想跟王老师取经。我要再次感谢您上次来给我们上课，帮了我们商会很大的忙。我们目前仍然面临困境——靠收会费难以为继，需要好的商业模式，但是

如何做，不清楚，而且商会内部分歧也很大。希望得到您的建议。

王理宗 商会分为纵向型和横向型两种。做行业协会的会长，就必须为这个行业的发展谋福利，带来更多的机会。横向型商会就是跨行业的商会，必须担起整合资源的责任。但无论是哪种类型，都需要纵横交错型的思维，跨界融合，共同发展。我提供一个简单的思路，会长团结核心会员，成立公司，之后拿出 10% 或 20% 的利润，回馈给商会的秘书处，保证商会的发展。

学生 4 王博士，您好。我有一个问题，越来越多企业在不断地"走出去"，据我了解，社会组织在国际化和"走出去"方面有些滞后，所以想请教一下您的看法，或者说政府方面有没有相关的规划和战略。

王理宗 你提的这个问题非常好，现在社会组织"走出去"难度比较大，就像海外 NGO 要进入中国，难度也很大。要"走出去"，在国外要注册，只能成立办事处。

学生 5 王博士，您好。我是大一的学生。我想问一下，您觉得大学四年，是不是应该多花一些时间去参加一些社会组织？去参加哪种类型的？在里面扮演什么样的角色？

王理宗 作为学生，应该是用更多的时间读书，抽点时间参加社会组织，抽点时间谈恋爱。学校里有很多社团，要主动参加学生会；可以根据你的兴趣，参加一些兴趣社团；另外就是服务社会的，与社会有更多接触面的组织，它们是能与社会沟通的桥梁和纽带。扮演什么角色，取决于你的能力和意愿。如果你擅长文字，就去做宣传；擅长组织，就多策划活动。这些都是非常个性化的。但无论扮演什么角色，我相信你都能找到自己的舞台，施展你的才华。

王博士，我想问一下，您说从事社会组织工作需要很多方面的能力，那怎样才可以成为一个通才？ **学生6**

王理宗 要成为通才，当然要通读人类文明的经典。除了专业知识以外，我建议大家读读哲学、历史，还要读读心理学。通读的目的是构建思维方式，大学教育实际上就是通过自己的脑袋去独立理解世界。当你具有这样的能力时，就离通才不远了。

三、商会的气质值至关重要

　　做好商会是一件非常难的事情。很多商会初创时，工作人员信誓旦旦、满怀梦想；但经营一段时间后，却灰心丧气，甚至"蓬头垢面"。商会最难做的是为会员提供满意的服务，服务是商会的生存之本，特别是完全靠会费生存的商会，更是难上加难。如果商会提供不了让会员满意的服务，会员不交会费，生存就难了。尽管许多商会的工作人员勤勤恳恳，绞尽脑汁想为会员提供服务，但会员并不买账，就像一个既没有文化又无实力的穷小子，使出全身解数想讨好智慧、美貌、财富兼具的美女，结果是撞得鼻青脸肿，无功而返。那么，商会的服务是否应该遵循"门当户对"原则呢？

　　通过研究大量的案例，我们发现一个商会能否让其会员满意，和商会的气质有很大的关系。气质值越高，会员服务的满意度越高。气质值概念的提出，有利于商会明确自身优势和劣势，从而扬长避短，提升会员的满意度；也有利于在不同的气质值阶段，去寻找和商会相契合的企业，使其满意度最大化。商会气质值的大小和科技企业成熟度的对应关系，能直观地反映商会与服务满意度的关系。

（一）商会的气质值

把商会的优劣用气质值来描述，反映的是商会相对特定，但又不断变化的外在形象和价值内涵。

商会的品牌形象、服务能力、团队素质、奉献精神和商会文化的好坏，与气质值成正相关的关系。总体上气质值越高，商会的优势越明显，服务质量和品位就越高，反之亦然。

1.气质值主要从服务力值、团队素质值、引领创新值、管理规范值和领导魅力值等 5 个维度来衡量，总值为 100 分，相对应的分值权重分别为 30%、25%、25%、10%、10%。每个维度由 5 个元素构成，每个元素的分值不尽相同。

表 4–1　气质值表

维度	元素构成 / 分					分值权重 /%
服务力值	专业性（3）	品质性（10）	效率性（7）	针对性（6）	持续性（4）	30
团队素质值	学历（10）	能力（5）	品德（4）	学习力（3）	理想（3）	25
引领创新值	引领性（8）	操作性（6）	价值性（5）	持续性（3）	独特性（3）	25
管理规范值	规范性（2）	公开性（2）	完整性（2）	持续性（2）	自律性（2）	10
领导魅力值	正义之美（2）	思想之美（2）	性格之美（2）	心灵之美（2）	品德之美（2）	10

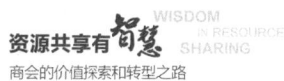
2.气质值分为三个层次：

A.80 ~ 100分，为高气质值，说明是一个优秀的商会。

B.60 ~ 79分，为中等气质值，说明是一个优良的商会。

C.60分以下，为低气质值，说明是一个一般或者较差的商会。

3.如果气质值低于40分，说明该商会基本不具备服务能力。

（二）科技企业的成熟度指数

表4-2　科技企业成熟度指数表

维度	低		中		高	
成立时间	3年内	5分	3 ~ 8年	5分	9年以上	10分
产值规模	5000万元以内	10分	5000万元 ~ 2亿元	10分	2亿元以上	20分
行业地位	沉默	15分	从属	25分	领军	30分
市场覆盖度	地区	20分	全国	30分	全球	40分
合计		50分		70分		100分

　　根据科技企业发展的规律，把科技企业的生命周期分为初创期、发展期、成熟期及衰退期4个阶段。成熟度指数的计算只选择前3个阶段，从成立时间、产值规模、行业地位、市场覆盖度4个维度来衡量每个阶段的企业成熟度指数。

　　1.高成熟度指数为71 ~ 100分，中等成熟度指数为51 ~ 70分，低成熟度指数为1 ~ 50分。

2. 成熟度指数不是一个绝对的值，它是根据当下科技企业成长案例的数理统计而得出的评价指标，并不完全符合所有的科技企业，特别是传统型企业。

（三）商会气质值、企业成熟度与服务满意度的规律

1. 相对性定律

成熟度越高的企业，越需要气质值高的商会来服务，因为越成熟的企业对服务团队和服务质量的要求越高，低气质值的商会无法满足成熟度高的企业的要求。气质值高的商会服务于高成熟度的企业，满意度较高。

高气质的商会也可以服务低成熟度的企业，但成本相对较高，这就要求商会具有较强的奉献精神。

低气质值的商会一般只能服务于低成熟度的企业，无法服务于高成熟度的企业。如果低气质值的商会服务于高成熟度的企业，满意度会很低，将出现会员脱轨现象，即会员脱离商会，另找新的。

脱轨现象的具体表现还有：会员参加活动或合作的欲望下降，不交会费，黑天鹅事件频出，管理混乱，缺乏人才，会长、秘书长不作为，服务产品缺乏，创新力不足，长期无品牌案例，等等。

2. 相关性定律

商会气质值与企业成熟度既呈正相关性，又呈负相关性。

一般情况下，高气质值的商会服务于高成熟度的企业，低气质值的商会服务于低成熟度的企业，满意度相对较高。

高气质值的商会服务于低成熟度的企业，其满意度未必高。如大学老师到幼儿园上课，学生未必满意。如果要其满意，必须建立与其相对应的团队，使服务结构化、多元化。

低气质值的商会服务于高成熟度的企业，满意度很低。很多低气质值的商会试图服务于高成熟度的企业，结果不尽如人意。唯一的办法是提升商会的气质值，否则将出现严重的脱轨现象。

3. 契合性定律

企业在接受商会服务的过程中通常遵循正相关定律，但在研究中发现，企业对商会的气质值也存在一定的容忍度。而且企业的成熟度越低，其容忍度越大；企业的成熟度越高，其容忍度越小。比如大企业集团是无法接受低水平、低品质的商会服务的。把气质值减去成熟度指数的余额叫作"容忍度差值"，总共分为三类差值：

表4-3 商会气质值、企业成熟度指数与容忍度差值的关系

类型	商会气质值	企业成熟度指数	容忍度差值
一类	50～80分	50分以下	30分
二类	70～90分	51～79分	20分
三类	90～100分	80分以上	10分

成熟度指数在 50 分以下的企业，能接受气质值 50 ~ 80 分的商会的服务，差值最大为 30 分；成熟度指数 51 ~ 79 分的企业，可接受气质值 70 ~ 90 分的商会的服务，差值最大为 20 分；成熟度指数在 80 分以上的企业，可接受气质值 90 ~ 100 分的商会的服务，差值最大只有 10 分。

（四）商会发展阶段、角色与气质值之间的关联

1. 商会的凝聚方式

第一种，商会在发展的初期阶段，主要靠情感凝聚会员，这样不可避免地给商会打上了江湖义气的烙印，像水泊梁山的英雄好汉，大家都是兄弟，讲哥们儿义气，从感性出发。所以这时候的商会不能提供太多有技术含量的服务，没有理性的、有组织的运作，活动方式也非常简单直接，大家在一起谈天说地、畅想未来，务虚的成分更多。

第二种是靠知识。当情感的召唤力减弱，或者说情感已经升华为真正的友谊之后，如何还能继续一起向前走，是商会发展到新阶段之后面临的问题。不再仅仅停留于吃饭、喝酒，大家的诉求开始发生变化，他们需要更多生产要素和发展动力，这个时候知识的力量、经验的力量开始发挥作用。为了顺应发展趋势，满足大家的诉求，此时商会开始大量举办各种培训班、论坛、经营管理沙龙等活动，一时之间，学习在企业家中蔚然成风。当然，这与当时信息、资讯和传播渠

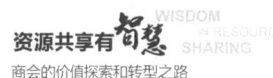
道不够发达有直接联系。这种对知识的渴求、对发展的渴望，使大家相聚在一个又一个培训场所。在共同的追求和理念引导下，大家结成了更紧密的"同学"关系。这种同学关系因为有知识作为交流基础，因此能够产生更大的黏性。

第三种是靠利益。如果说情感和知识还是比较虚的力量，那么利益则是实实在在将大家捆绑在一起的力量。发挥这种力量是商会的天职。商会要推动会员之间的合作，推动资源在会员中的合理配置。如果能让会员在各方面实现融合、合作，说明这个商会极具凝聚力，而这种合作又能反过来增强商会的凝聚力。企业家是创造财富的，而社会组织是推动财富在更大范围的流动，在更高层次增值，在更广的领域惠及大众。通过会员之间共同利益的连接，实现企业家个人价值和社会价值的最大化。

第四种是凝聚力的最高层面，也是最牢固的一种连接——思想和信仰。最显著的就是宗教，教徒或信徒的凝聚力是比较强的。千百年来，宗教思想代代相传，影响着许多人对世界的认识，是一种影响人心的力量，以这种力量凝聚起来的人们十分团结。此外，我们的无数革命先辈，为了国家独立、民族解放，为了共产主义信仰和人民幸福，义无反顾地奉献自己的生命，也是信仰这一强大凝聚力的体现。

凝聚人心的最低层次是情，第二层次是智，第三层次是利，第四层次是灵。它们与商会的发展过程密切相关，也是在实践中不断总结形成的。以情凝聚的商会属于体力型商会，也是活动驱动型商会；以智凝聚的商会是智力型商会，也是项目驱动型或创新驱动型商会；最高层次是智慧型商会，也是思想引领型商会，这样的商会是我们追求的目标。成为智慧型商会需要前面过程的积累，这就是商会发展的规律。

2. 商会的角色

在不同发展阶段，商会所扮演的角色不一，定位不同，价值各异，气质值也不同。

第一，商会是服务者。在创办商会初期，提供的主要是简单的服务——平台服务，如信息服务、专家服务、投资服务、市场服务、资本服务、文化服务、战略服务、品牌服务等，为大家提供一个交流的平台。通过这个平台，可以进行信息交流、经验交流、项目交流等，平台可以很大，但价值比较单一，主要是平台价值，难以满足企业家结构性的需求。

第二，商会是整合者。整合者的价值在于对人才、资源、市场、资本等生产要素的整合和有效配置。整合者应该关注的是"资源是否为我所用"，而不是"资源是否为我所有"。市场上资金很多、人才很多、信息很多，发展商会所需要的要素资源很多，能否对这些资源进行有效整合并运用，才是商会要琢磨的问题。

第三，商会是创造者。在服务中创造，在创造中提供服务。广东高科技产业商会经过多年摸索，创造了服务于经济的 8 种模式，包括"智慧工程模式""信用互助模式""雁群投资模式""麻雀变凤凰模式""互为顾问、互为董事、互为股东工程""新丝绸之路模式""技

术联盟模式""科技金融产业三融合模式";还创造了服务于社会的
4 种模式,包括"会员合议庭模式""军转干部民企就业模式""公益
文化模式""公共外交模式"。这些模式是通过反复实践总结而来的,
并被再运用到实践中。

　　商会要学会从创造新服务到创造新价值,最高层次是创造新的文
化,创造独有的文化,形成独特的文化符号和文化标签。

(五)如何提升商会的气质值

　　1. 建立结构性、系统性、差异性的服务体系及产品

不同成熟度指数的企业服务主要为以下 15 个方面:

① 信息服务(政策、行业动态、培训、人才);

② 标准制定服务(行业的产品标准);

③ 政策服务(优惠政策、证照申请、资金等);

④ 金融服务(融资、上市、并购);

⑤ 公共平台建设(技术平台、信息平台、交流平台、股权合作
平台、投资平台、孵化平台);

⑥ 集约化产业园建设;

⑦ 市场平台建设(主办及参与展会);

⑧ 培训服务(技术管理);

⑨ 校企合作(大学、研究院所);

⑩ 国际合作；

⑪ 纠纷处理及法律服务；

⑫ 人才集约化招聘；

⑬ 政府合作服务（政策建议、招商）；

⑭ 文化服务（企业文化、传统文化、品牌建设）；

⑮ 会员内部合作。

每个方面都有许多具体的服务产品。应根据服务的企业，提供不同的服务。既要有共性服务，又要有个性服务；既要有直接服务，又要有间接服务；既要有宏观服务，又要有微观服务。一个高气质值的商会服务应该是全方位、主体型、多维度的。

2. 打造品牌模式和经典案例

许多商会做了许多事，干了许多活，可谓兢兢业业、任劳任怨。大事不少干，小事天天干。但是缺乏引领性、创新性、模式性和持续性，价值不高，影响力不大，持续性不长，气质值难以提升。商会必须建立一支强大的研发团队，研究新平台、新模式、新价值，通过潜心调研，深入分析，系统规划，找出方案，抢占服务价值的制高点；不能亦步亦趋、随波逐流，成为劳动力密集型组织。

3. 建立一支能打"现代战争"的团队

要想提高商会的气质值，人才团队是核心。有许多商会，人员不少，但既缺复合型人才，又无专才，更多的是普通劳动力。

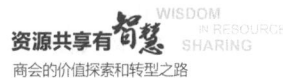
一个高素质的团队至少要有以下几方面的人才：懂策划，善公关，能研发的人才；专业能力强，服务意识佳，敬业精神好，能提供高水平、专业化服务的人才；市场敏感性强，运作水平高，效率和效益意识强的经营人才；沟通能力、整合能力和配置能力出类拔萃的人才；对经济形势或行业发展趋势有前瞻性洞察力的人才。

4.甄选或包装领袖人物、品牌人物

品牌人物是一个群体或行业的闪亮名片，是事半功倍的重要保障，对提升群体的知名度和影响力具有不可估量的价值，主要包括以下3类：

①财富领袖或行业魁首。他们具备良好的社会形象及口碑，较高的为群体或社会服务的情怀，较强的亲和力与影响力，强大的经济实力。

②行业专家。他们能准确判断行业发展走向，有丰富的行业经验，为行业的发展做出过杰出贡献，有成功的案例。

③社会活动家。他们有一定的社会影响力，广泛的人脉资源或整合资源的能力，良好的沟通和传播思想的能力，对事物有独到的见解。

要提高商会的气质值，至少要有其中某一类人物。

广东高科技产业商会的
经验、启示和文化

一、基本经验

1.因人因事，确定目标

目标管理是最简单、最直接、最有效的管理手段。因人因事设立目标，有利于激发人的能动性和创造性，对达到组织目标起到重要的作用。我会不仅制定了1～5年的长期目标，还在机制建设、平台搭建、服务体系、资源整合、文化培养等方面有清晰的战略目标，每周、每月都有细化的战术目标，达到把人用好、把事办好的目标。

2.因时、因地制定战略

我会长期以来高度重视全局性、系统性、长期性的战略制定。根据政治、经济、社会的发展趋势，产业和企业的发展阶段与所处环境，制定不同的战略，每3～5年制定或修订一次，先后制定了资源

整合、创新服务、打造明星、推动上市、建设园区、推进国际化、理论创新、技术合作、文化引领、特色工程等重大战略，为商会的稳定、健康、可持续发展起到了重要作用。

3. 巧用方法，整合资源

整合资源是商会的"养家"本领。资源整合的原则是用养结合、共享、重复使用等。整合资源主要通过创造概念、理论传播、打造模式、创造需求、实现利益、建立平台、深化情感、借势借力等方式。自成立以来，我会整合了企业、政府、院校、金融机构、媒体、专家等方面的资源，使商会这艘大船能乘风破浪。

4. 紧贴需求，构建体系

满足需求、提供服务是商会存在的价值核心。为满足会员在不同发展阶段的需求，适应不同的行业特色，我会先后制定了十大服务体系，包括培训服务、融资服务、投资服务、市场服务、品牌服务、公关服务、技术服务、文化服务、项目服务和国际化服务等，赢得了广大会员的称赞。

5. 把准脉搏，搭建平台

为了便于广大会员以最低的成本，高效进行交流、交易、投资、合作，以及快速、直接服务于会员，我会搭建了非常有价值的平台，主要包括金融俱乐部、文化俱乐部、创新俱乐部、国际路演中心、创投委员会、高商汇智控股集团、海外多个办事处、省内外办事处6个、科技城2个。这些平台为商会输出服务提供了便利，赢得了会员的广泛认同。

6. 紧跟时代，创新模式

模式创新对商会的发展、会员服务具有重要作用。我会创造了服务于经济的8种模式，包括"智慧工程模式""信用互助模式""雁群投资模式""麻雀变凤凰模式""互为顾问、互为董事、互为股东工程""新丝绸之路模式""技术联盟模式""科技金融产业三融合模式"；还创造了服务于社会的4种模式，包括"会员合议庭模式""军转干部民企就业模式""公益文化模式""公共外交模式"。

7. 擦亮品牌，突出特色

特色服务是商会的闪亮名片，是商会竞争力和服务力的关键，也是商会得以持续发展的重要推动力。商会高度重视特色服务的挖掘、培育、发展，并形成了具有科技特色、金融特色、文化特色、理论特色、生态特色的服务体系，在以下几个方面起到了重要作用：拓宽企业的融资渠道，降低融资成本，推动上市；与国内高校、科研机构紧密合作；举办文化与科技融合的系列活动，举办以弘扬中国传统文化为主题的深圳孔子文化节；引导企业节能减排。

8. 转型升级，拓展路径

拓展资源和路径，提高商会的造血功能，是产业转型升级、竞争压力加大环境下的不二之路。我会非常重视多元化、立体型的资源整合和会员服务，采用秘书处服务、会员相互服务和顾问群体服务相结合的方式，满足诉求。在造血机制的建立方面，采用风投基金管理、社会购买服务和兴办实体机构相结合的方式，取得了良好效果。

9. 重构定位，创造价值

长期以来，我们对商会的概念、角色、功能、机制、文化等各方面，在顺应经济、社会发展的前提下进行重构，摒弃机械的、静止的、片面的概念，确定适应新时代新要求下的定位。商会属于市场经济环境下新型服务业，是一个有能动性、积极性、创造性的主体，不仅是行业、产业的参与者、推动者，更是引领者；不仅创造经济价值，也创造政治、文化、社会等方面的价值。

二、主要启示

1. 坚持紧跟党的路线、方针、政策

长期以来，我会以专题报告会、沙龙、研讨会等形式，引导广大会员认真学习，深刻领会党中央、国务院及各级党委政府的方针、政策，围绕中心，贯彻落实，作为企业发展的动力和信心的源泉，作为

企业解决问题、克服困难的法宝，作为企业成功的重要保证，鼓励广大会员读政策、懂政策、用政策，引导企业从政策中找资金、找市场、找方向。

2. 坚持以科技创新发展为核心战略

推动会员牢固树立"科技是第一生产力"的观念。科技企业的竞争，归根结底是科技竞争。我会组织广大会员研究、探讨科技发展的新趋势、新动力，了解世界科技产业发展的新信息、新技术，鼓励企业加大人才投入和研发投入，申报发明专利，保护知识产权，实现自主创新，号召企业运用最新的技术手段，改造老工艺、老模式、老产品，创造新产品、新市场、新机会。

3. 坚持以会员需求为中心

我会积极主动了解会员诉求，每年以座谈会、走访、电话、微信等形式进行深入调研，努力探索满足企业发展过程中对资金、技术、人才、土地、市场、管理和政策等方面需求的对策与方法，真心实意地急企业之所急，难企业之所难，切实解决企业在发展过程中的困难，鼓励企业直面困难、永不言败、做大做强。

4. 坚持以团队建设为核心

充分发挥以会长、副会长为领导核心的榜样、示范和引导作用，充分调动广大常务理事、理事、会员的主动性、能动性、创造性，群

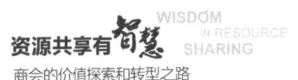
策群力，献计献策，同舟共济。在商会"五位一体"战略的指导下，促进大家相互创造发展环境，相互搭建平台，彼此给予机会，彼此共享成长，为奋斗助威，为成功欢呼，鼓励大家争当行业的广东第一、中国第一、世界第一，书写传奇。

5. 坚持正确的文化引领

号召大家树立正确的人生观、价值观、发展观，自觉遵循社会主义核心价值观，坚决遵守家庭美德、职业道德、社会公德，响应商会倡导的诚信、互助、谦让、团结、勤学、创新等。通过举办国学班、孔子文化节、慈善活动，以及参加中国光彩事业活动等形式，增强会员的担当意识、奉献意识，同时引导会员热爱党、热爱祖国、热爱人民，弘扬中华优秀传统文化。

6. 坚持推动国际化道路

坚持全球化理念，积极响应国家号召，用好两个市场、两种资源。商会制定完整的国际化战略，先后带领会员近 3000 人次到 80 多个国家和地区学习、交流、考察、投资，和许多国家的政府、商会、企业建立了长期联系；在国外设立办事处，为企业在国外投资起到先锋队的作用，同时为企业在海外上市、融资，寻找市场、人才、项目、技术提供人脉和渠道。

7. 坚持以会员互助融合为服务方式

积极倡导合作、互助、融合，推动"互为顾问、互为董事、互为股东工程""大手拉小手工程""连动担保工程""贸易融资工程""内部市场工程"，充分发挥大企业下好乘凉的作用，让更多的小企业从大企业的经营理念、经营风格中得到启示，弘扬资源共享、跨界融合的理念，实现共同发展的目标。

8. 坚持以理论学习和理论研究为指导

号召会员谨记理论指导实践的常识，通过举办各种研讨会、读书会、培训班，学习有关哲学、经济学、社会学、管理学、市场学等方面的理论，用理论来丰富自己的头脑，提升会员的综合素质。同时，在实践的基础上不断总结经验，巩固成果，商会主办的《民营视窗》杂志、《企业论坛》电视节目，深受广大企业家的青睐；出版的《美丽的手》《社会时代》《家国天下》，产生了强烈影响。

9. 坚持以情感为基础

商会始终坚持以人为本，以情交人、以情感人、以情服人、以情做人，鼓励广大会员之间建立会员情、朋友情、伙伴情、战友情、家国情，用真挚的情感、美丽的心灵来团结人、凝聚人、感召人，增强商会的凝聚力、向心力，用真情促团结、促合作、促发展，构建事业统一体、利益共同体和命运共同体。

三、核心文化

1. 核心价值观

从善的科技担当，高远的天下格局，分享的利他情怀，夺冠的精神意志，折腾的生命基调。

2. 思维方式

科技的思维看未来，社会的思维察全局，利他的思维聚资源，共赢的思维谋发展。

3. 精神气质

火热的事业理想，澎湃的生命激情，不竭的创新活力，生根的工作作风。

4. 性格特质

无论再难，也不放弃理想的追求；无论再苦，也不停歇生活的激情；无论再累，也不懈怠勤奋的双手。

5. 战略目标

三大战略：科技攻艰、国际品牌、百年基业。

三大平台：科技与资本融合、国内与国外互通、传承与创新交汇。

三大目标：百家全球第一、百名科技领军、百家百亿企业。